图解
十九届六中全会精神

《图解十九届六中全会精神》编写组｜编著

人民出版社

前　言

　　为更生动地宣传党的十九届六中全会精神、更好地服务读者，我们延续以往用图解版的方式宣传党的全会精神的惯例，邀请有关专家、学者编写了本书。本书分八个方面，重点就《决议》总结的中国共产党百年奋斗四个时期的主要任务和重大成就、百年奋斗的历史意义、百年奋斗的历史经验、新时代的中国共产党等专题进行了深入解读，并辅以相关图示、图表等，力求直观、简练、生动地表述相关内容，帮助读者更好地理解和把握十九届六中全会精神。

编者

2021 年 12 月

目　录

■《决议》的文本结构
■《决议》的内容要点
■ 习近平关于《决议》的说明总体框架

《决议》的文本结构

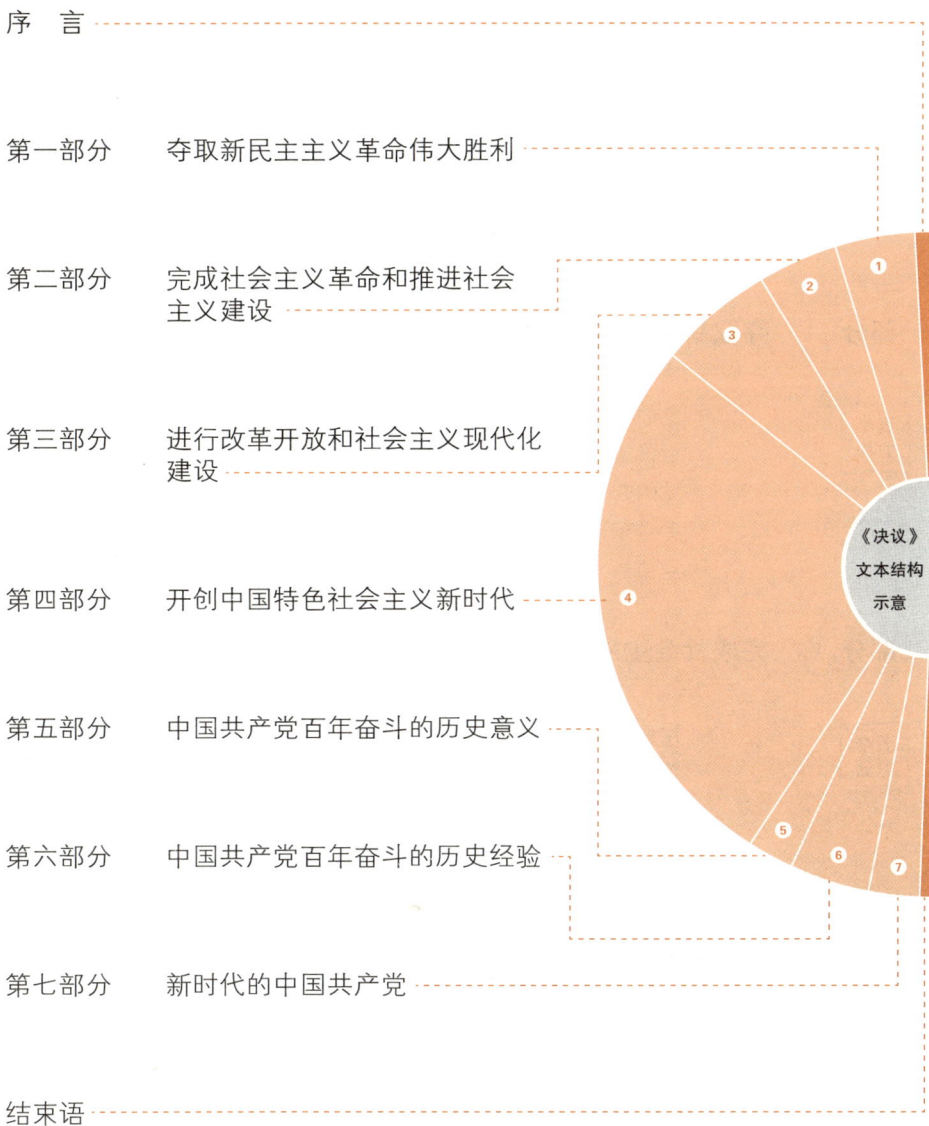

序　言

第一部分　夺取新民主主义革命伟大胜利

第二部分　完成社会主义革命和推进社会主义建设

第三部分　进行改革开放和社会主义现代化建设

第四部分　开创中国特色社会主义新时代

第五部分　中国共产党百年奋斗的历史意义

第六部分　中国共产党百年奋斗的历史经验

第七部分　新时代的中国共产党

结束语

《决议》
文本结构
示意

1
2
3
4
5
6
7

《决议》的内容要点

约 3.6 万字，分 7 个部分

序　言

四个方面
- 党百年奋斗的光辉历程
- 党领导人民创造的伟大成就
- 全面总结党的百年奋斗重大成就和历史经验的重大意义
- 对前两个历史决议的评价

第一部分　夺取新民主主义革命伟大胜利

五个方面
- 党面临的主要任务
- 近代中国社会的主要矛盾
- 党的奋斗历程
- 毛泽东思想创立
- 党领导人民取得的重大成就

第二部分　完成社会主义革命和推进社会主义建设

五个方面
- 党面临的主要任务
- 新中国的主要矛盾
- 党的奋斗历程及曲折
- 毛泽东思想的发展
- 党领导人民取得的重大成就

第三部分　进行改革开放和社会主义现代化建设

五个方面
- 党面临的主要任务
- 党和国家工作中心的转移
- 中国特色社会主义理论体系形成
- 开创改革开放和社会主义现代化建设新局面
- 党领导人民取得的重大成就

第四部分 ▶ **开创中国特色社会主义新时代**

五个
方面

- 中国特色社会主义进入新时代
- 新时代是我国发展新的历史方位
- 习近平新时代中国特色社会主义思想创立
- "两个确立"
- 党和国家事业取得历史性成就、发生历史性变革

第五部分 ▶ **中国共产党百年奋斗的历史意义**

五个
方面

- 从根本上改变了中国人民的前途命运
- 开辟了实现中华民族伟大复兴的正确道路
- 展示了马克思主义的强大生命力
- 深刻影响了世界历史进程
- 锻造了走在时代前列的中国共产党

第六部分 ▶ **中国共产党百年奋斗的历史经验**

十个
方面

- 坚持党的领导
- 坚持人民至上
- 坚持理论创新
- 坚持独立自主
- 坚持中国道路
- 坚持胸怀天下
- 坚持开拓创新
- 坚持敢于斗争
- 坚持统一战线
- 坚持自我革命

第七部分 ▶ **新时代的中国共产党**

三个
方面

- 新时代党的战略安排
- 新时代对全党的基本要求
- 培养造就堪当时代重任的接班人

习近平关于《决议》的说明
总体框架

约 0.6 万字，分 3 个部分

| 第一部分 | ▶ 关于党的十九届六中全会议题的考虑 |

对《决议》起草，党中央明确要求着重把握的几点

- 聚焦总结党的百年奋斗重大成就和历史经验
- 突出中国特色社会主义新时代这个重点
- 对重大事件、重要会议、重要人物的评价注重同党中央已有结论相衔接

| 第二部分 | ▶ 决议稿起草过程 |

| 第三部分 | ▶ 决议稿的基本框架和主要内容 |

第一讲

序　言

2021 年 11 月 8 日至 11 日，中国共产党第十九届中央委员会第六次全体会议在北京举行。全会由中央政治局主持，习近平总书记作了重要讲话。全会听取和讨论了习近平总书记受中央政治局委托作的工作报告，审议通过了《中共中央关于党的百年奋斗重大成就和历史经验的决议》（以下简称《决议》），审议通过了《关于召开党的第二十次全国代表大会的决议》。习近平总书记就《决议（讨论稿）》向全会作了说明。

全会充分肯定党的十九届五中全会以来中央政治局的工作。一致认为，一年来，世界百年未有之大变局和新冠肺炎疫情全球大流行交织影响，外部环境更趋复杂严峻，国内新冠肺炎疫情防控和经济社会发展各项任务极为繁重艰巨。中央政治局高举中国特色社会主义伟大旗帜，坚持以马克思列宁主义、毛泽东思想、邓小平理论、"三个代表"重要思想、科学发展观、习近平新时代中国特色社会主义思想为指导，全面贯彻党的十九大和十九届二中、三中、四中、五中全会精神，统筹国内国际两个大局，统筹疫情防控和经济社会发展，统筹发展和安全，坚持稳中求进工作总基调，全面贯彻新发展理念，加快构建新发展格局，经济保持较好发展态势，科技自立自强积极推进，改革开放不断深化，脱贫攻坚战如期打赢，民生保障有效改善，社会大局保持稳定，国防和军队现代化扎实推进，中国特色大国外交全面推进，党史学习教育扎实有效，战胜多种严重自然灾害，党和国家各项事业取得了新的重大成就。成功举办庆祝中国共产党成立 100 周年系列活动，习近平总书记发表重要讲话，正式宣布全面建成小康社会，激励全党全国各族人民意气风发踏上向第二个百年奋斗目标进军的新征程。

通过召开中央全会，全面总结党的百年奋斗重大成就和历史经验，是党中央郑重的历史性、战略性决策，充分体现了党牢记初心使命、永葆生机活力的坚强意志和坚定决心，充分体现了党深刻把握历史发展规律、始终掌握党和国家事业发展的历史主动和使命担当，充分体现了党立足当下、着眼未来、注重总结和运用历史经验的高瞻远瞩和深谋远虑。

在党成立 100 周年的重要历史时刻，在党和人民胜利实现第一个百年奋斗目标、全面建成小康社会，正在向着全面建成社会主义现代化强国的第二个百年奋斗目标迈进的重大历史关头，全面总结党的百年奋斗重大成就和历史经验，对推动全党进一步统一思想、统一意志、统一行动，团结带领全国各族人民夺取新时代中国特色社会主义新的伟大胜利，具有重大现实意义和深远历史意义。

一、党百年奋斗的光辉历程

中国共产党自 1921 年成立以来，始终把为中国人民谋幸福、为中华民族谋复兴作为自己的初心使命，始终坚持共产主义理想和社会主义信念，团结带领全国各族人民为争取民族独立、人民解放和实现国家富强、人民幸福而不懈奋斗，已经走过 100 年光辉历程。

100 年来，党领导人民浴血奋战、百折不挠，创造了新民主主义革命的伟大成就；自力更生、发愤图强，创造了社会主义革命和建设的伟大成就；解放思想、锐意进取，创造了改革开放和社会主义现代化建设的伟大成就；自信自强、守正创新，创造了新时代中国特色社会主义的伟大成就。党和人民百年奋斗，书写了中华民族几千年历史上最恢宏的史诗。

党领导人民创造了新民主主义革命的伟大成就，为实现中华民族伟大复兴创造了根本社会条件。我们党团结带领中国人民，浴血奋战、百折不挠，推翻了帝国主义、封建主义、官僚资本主义三座大山，建立了人民当家作主的中华人民共和国，实现了民族独立、人民

百年大党领导人民创造的"四个伟大成就"

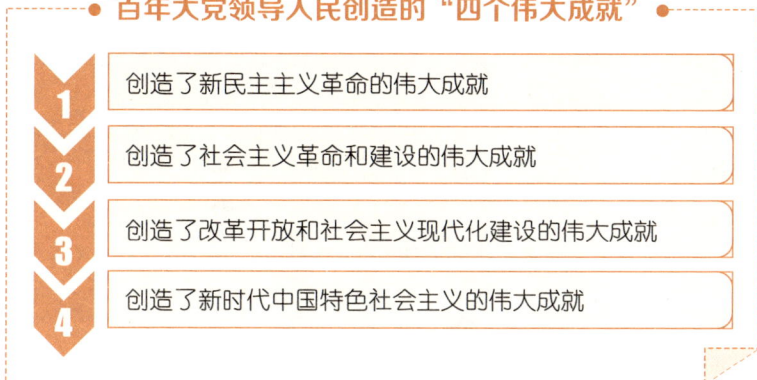

1. 创造了新民主主义革命的伟大成就

2. 创造了社会主义革命和建设的伟大成就

3. 创造了改革开放和社会主义现代化建设的伟大成就

4. 创造了新时代中国特色社会主义的伟大成就

解放，中国人民站起来了，中华民族任人宰割、饱受欺凌的时代一去不复返了。

党领导人民创造了社会主义革命和建设的伟大成就，为实现中华民族伟大复兴奠定了根本政治前提和制度基础。我们党团结带领中国人民，自力更生、发愤图强，进行社会主义革命，消灭剥削制度，确立社会主义基本制度，推进社会主义建设，实现了中华民族有史以来最为广泛而深刻的社会变革，实现了一穷二白、人口众多的东方大国大步迈进社会主义社会的伟大飞跃。

党领导人民创造了改革开放和社会主义现代化建设的伟大成就，为实现中华民族伟大复兴提供了充满新的活力的体制保证和快速发展的物质条件。我们党团结带领中国人民，解放思想、锐意进取，确立党在社会主义初级阶段的基本路线，坚定不移推进改革开放，战胜来自各方面的风险挑战，开创、坚持、捍卫、发展中国特色社会主义，实现了从高度集中的计划经济体制到充满活力的社会主义市场经济体制、从封闭半封闭到全方位开放的历史性转变，实现了从生产力相对落后的状况到经济总量跃居世界第二的历史性突破，实现了人民生活从温饱不足到总体小康、奔向全面小康的历史性跨越，中国大踏步赶上了时代。

中国共产党百年光辉历程

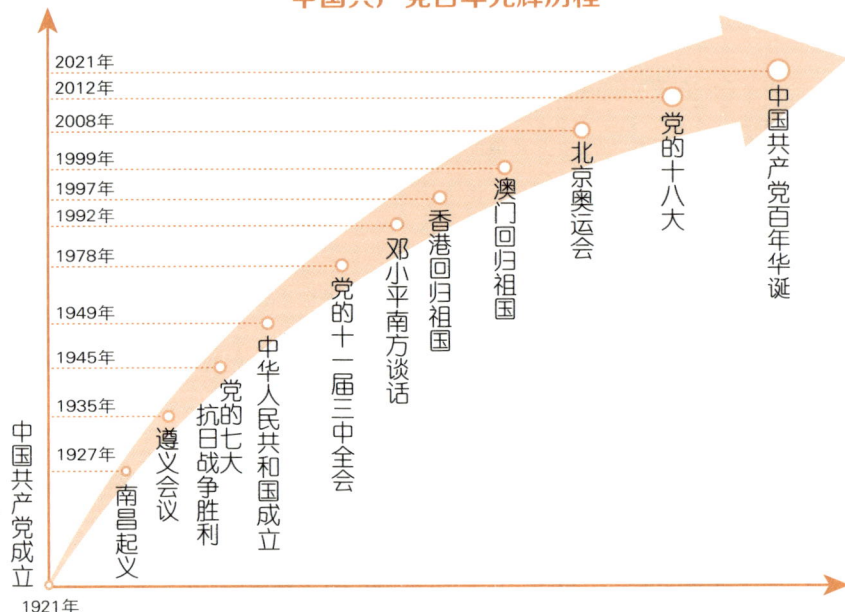

党领导人民创造了新时代中国特色社会主义的伟大成就，为实现中华民族伟大复兴提供了更为完善的制度保证、更为坚实的物质基础、更为主动的精神力量。党的十八大以来，中国特色社会主义进入新时代，以习近平同志为核心的党中央，坚持和加强党的全面领导，坚持和完善中国特色社会主义制度、推进国家治理体系和治理能力现代化，党和国家事业取得历史性成就、发生历史性变革。我们全面建成了小康社会，历史性地解决了绝对贫困问题，实现第一个百年奋斗目标，明确实现第二个百年奋斗目标的战略安排，中华民族迎来了从站起来、富起来到强起来的伟大飞跃，实现中华民族伟大复兴进入了不可逆转的历史进程。

100年来，中国共产党团结带领人民进行的一切奋斗、一切牺牲、一切创造，归结起来就是一个主题：实现中华民族伟大复兴。以毛泽东同志、邓小平同志、江泽民同志、胡锦涛同志、习近平同志为习近平（中共中央总书记、国家主席、中央军委主席）：一百年来，党团结带领人民在革命、建设、改革各个历史时期持续奋斗，创造了彪炳中华民族发展史、世界社会主义发展史、人类社会发展史的奇迹，彻底扭转了近代以来中华民族的历史进程，生动谱写了世界社会主义历史发展的壮丽篇章，成功开辟了马克思主义新境界，为实现中华民族伟大复兴建立了不朽功业，为促进人类进步作出了重大贡献。

主要代表的中国共产党人，把马克思主义基本原理同中国具体实际相结合、同中华优秀传统文化相结合，领导人民在实现中华民族伟大复兴的道路上不断取得胜利。

100 年来，中国共产党领导人民改写了近代以后中华民族的屈辱历史，改变了近代以后中国人民的悲惨命运。没有共产党，就没有新中国，就没有中华民族伟大复兴，这是中国人民依据中国革命、建设、改革的历史经验得出的最基本、最重要的结论，是中国人民基于切身体会所确认的深刻认识。中国共产党的领导，是历史的选择、人民的选择，是党和国家的根本所在、命脉所在，是全国各族人民的利益所系、命运所系。这 100 年来开辟的伟大道路、创造的伟大事业、取得的伟大成就，必将载入中华民族发展史册、人类文明发展史册！

二、《决议》的起草、形成和通过

2021 年 3 月，以习近平同志为核心的党中央作出历史性、战略性决策：中央政治局常委会、中央政治局先后召开会议决定，党的十九届六中全会重点研究全面总结党的百年奋斗重大成就和历史经验问题，成立文件起草组起草相关文件。2021年4月9日，习近平总书记主持召开文件起草组第一次全体会议，文件起草工作正式启动。习近平总书记亲自担任文件起草组组长。习近平总书记发表重要讲话，为文件起草工作提供了贯穿全程的根本遵循：把方向——深刻认识文件起草工作的重大意义；提要求——科学总结党的重大成就和历史经验；亮主线——准确把握党的百年奋斗的主题主线、主流本质；立原则——以强烈的政治责任感和历史使命感，聚精会神搞好文件起草工作。

遵循习近平总书记的指引，聚焦总结党的百年奋斗重大成就和历史经验，突出中国特色社会主义新时代这个重点，对重大事件、重要会议、重要人物的评价注重同党中央已有结论相衔接，文件起草工作蹄疾步稳、扎实推进。

早在4月1日，党中央就发出通知，就全会议题在党内外一定范围内组织讨论、广泛征求意见。

在党内，从中央政治局常委会会议审议到中央政治局会议审议，从按程序下发各地区各部门征求意见到以适当方式征求党内部分老同

权威评论

王晓晖（中共中央宣传部分管日常工作的副部长）：在建党百年之际，党中央召开六中全会，全面总结党的百年奋斗重大成就和历史经验，是郑重的历史性、战略性决策，体现了我们党重视和善于运用历史规律的高度政治自觉，体现了我们党牢记初心使命、继往开来的自信和担当。

志意见……文件起草各个阶段，都始终凝聚着全党智慧结晶。

在党外，广泛征求各民主党派中央、全国工商联负责人和无党派人士代表意见，来自各方面的真知灼见，成为贯穿文件起草全过程的重要参考。

数说《决议》的诞生

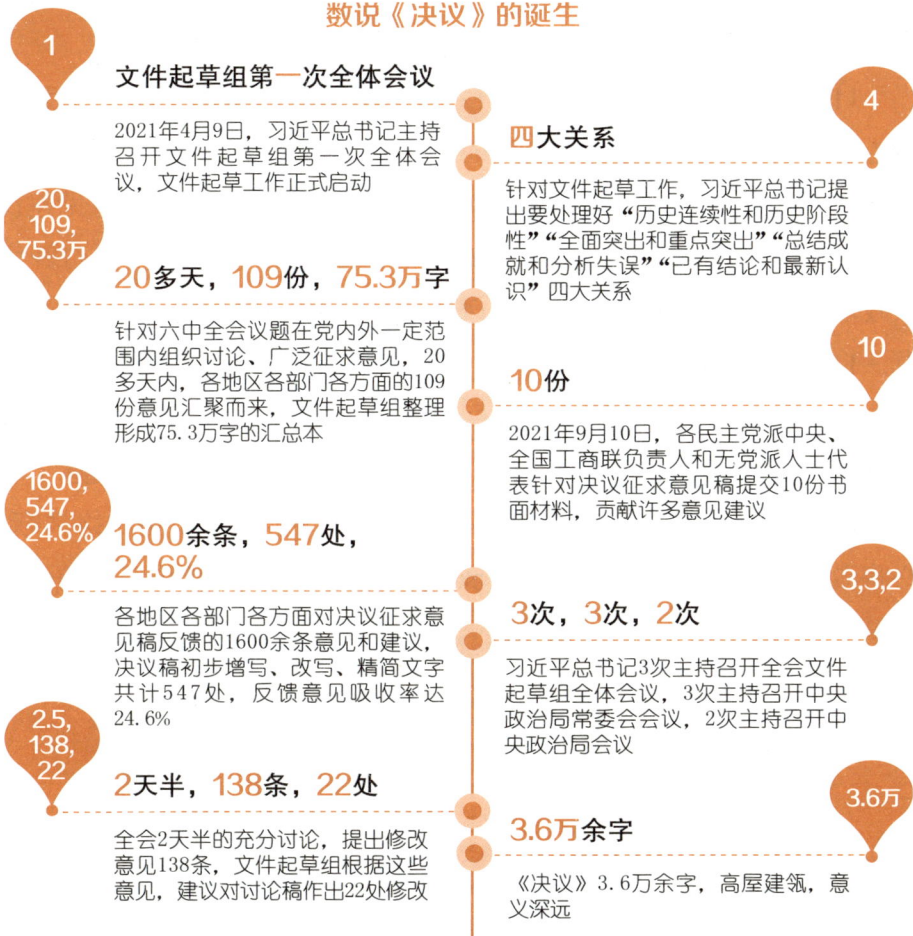

1 文件起草组第一次全体会议

2021年4月9日，习近平总书记主持召开文件起草组第一次全体会议，文件起草工作正式启动

20, 109, 75.3万

20多天，109份，75.3万字

针对六中全会议题在党内外一定范围内组织讨论、广泛征求意见，20多天内，各地区各部门各方面的109份意见汇聚而来，文件起草组整理形成75.3万字的汇总本

1600, 547, 24.6%

1600余条，547处，24.6%

各地区各部门各方面对决议征求意见稿反馈的1600余条意见和建议，决议稿初步增写、改写、精简文字共计547处，反馈意见吸收率达24.6%

2.5, 138, 22

2天半，138条，22处

全会2天半的充分讨论，提出修改意见138条，文件起草组根据这些意见，建议对讨论稿作出22处修改

4 四大关系

针对文件起草工作，习近平总书记提出要处理好"历史连续性和历史阶段性""全面突出和重点突出""总结成就和分析失误""已有结论和最新认识"四大关系

10 10份

2021年9月10日，各民主党派中央、全国工商联负责人和无党派人士代表针对决议征求意见稿提交10份书面材料，贡献许多意见建议

3,3,2 3次，3次，2次

习近平总书记3次主持召开全会文件起草组全体会议，3次主持召开中央政治局常委会会议，2次主持召开中央政治局会议

3.6万 3.6万余字

《决议》3.6万余字，高屋建瓴，意义深远

9月10日，习近平总书记亲自主持召开座谈会，听取各民主党派中央、全国工商联负责人和无党派人士代表对决议征求意见稿的意见。

根据各地区各部门各方面对决议征求意见稿反馈的意见和建议，起草组对决议稿初步增写、改写、精简文字，文件不断精进、日益完善。

习近平总书记高度重视文件起草工作，从框架方案到送审稿，对每一稿都认真审阅修改、给出具体意见、提出明确要求，始终引领文件起草工作沿着正确方向前进。中央政治局常委、中央政治局委员同志对决议文稿认真审阅、提出许多重要的修改意见和建议。

11月8日上午，党的十九届六中全会开幕。凝聚了全党智慧和意志、吸收了各方面意见和建议的《决议（讨论稿）》，摆在了与会同志面前。经过全会的充分讨论，文件起草组根据与会同志的意见建议对讨论稿作出22处修改。11月10日晚，习近平总书记主持召开中央政治局常委会会议，听取各组讨论情况汇报，研究确定文件修改问题。11日上午，决议修改稿再次提交小组讨论，形成决议草案。与会同志一致认为，决议草案全面回顾了党百年奋斗的光辉历程，凝练概括了党的百年历史经验，突出了中国特色社会主义新时代这个重点，政治站位高远、思想方法科学、内容系统全面、历史脉络清晰，必将激发全党全国各族人民为实现中华民族伟大复兴继续奋斗的强大力量。11日下午，全会审议通过《决议》。

三、《决议》的历史必要性

我们党具有注重总结历史经验的光荣传统。延安时期，毛泽东同志就指出："如果不把党的历史搞清楚，不把党在历史上所走的路搞清楚，便不能把事情办得更好。"邓小平同志也指出："历史上成功的经验是宝贵财富，错误的经验、失败的经验也是宝贵财富。这样来制定方针政策，就能统一全党思想，达到新的团结。这样的基础是最可靠的。"

党团结带领人民在 100 年的历程中创造了彪炳中华民族发展史、世界社会主义发展史、人类社会发展史的奇迹，生动谱写了世界社会主义历史发展的壮丽篇章，为实现中华民族伟大复兴建立了不朽功业，成功开辟了马克思主义新境界。在这一伟大征程中，党和人民积累了极其丰富的宝贵历史经验。这些都值得系统总结。

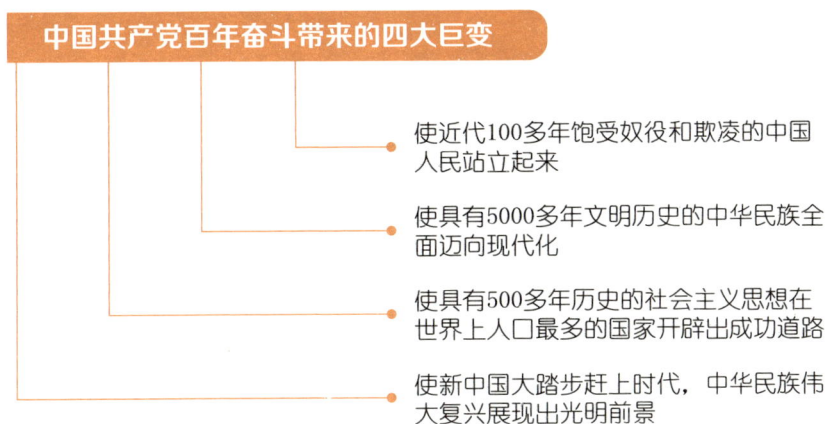

中国共产党百年奋斗带来的四大巨变

使近代100多年饱受奴役和欺凌的中国人民站立起来

使具有5000多年文明历史的中华民族全面迈向现代化

使具有500多年历史的社会主义思想在世界上人口最多的国家开辟出成功道路

使新中国大踏步赶上时代，中华民族伟大复兴展现出光明前景

（一）总结党的百年奋斗重大成就和历史经验，是在建党百年历史条件下开启全面建设社会主义现代化国家新征程、在新时代坚持和发展中国特色社会主义的需要

党的百年历史蕴含着丰富的思想启迪和政治智慧，为奋进新征程、建功新时代提供了丰厚滋养和强大力量。总结党的百年奋斗重大成就和历史经验，能够教育引导全党大力发扬红色传统、传承红色基因，赓续共产党人精神血脉，始终保持革命者的大无畏奋斗精神，鼓起迈进新征程、奋进新时代的精气神；能够教育引导全党继续发扬彻底的革命精神，坚持全面从严治党永远在路上，保持面对新的赶考的高度自觉和清醒，进一步以党的伟大自我革命引领伟大社会革命，确保我

们党在世界形势深刻变化的历史进程中始终走在时代前列，在应对国内外各种风险挑战的历史进程中始终成为全国人民的主心骨，在新时代坚持和发展中国特色社会主义的历史进程中始终成为坚强领导核心。

（二）总结党的百年奋斗重大成就和历史经验，是增强政治意识、大局意识、核心意识、看齐意识，坚定道路自信、理论自信、制度自信、文化自信，做到坚决维护习近平同志党中央的核心、全党的核心地位，坚决维护党中央权威和集中统一领导，确保全党步调一致向前进的需要

旗帜鲜明讲政治、保证党的团结和集中统一是党的生命，也是我们党成为百年大党、创造世纪伟业的关键所在。坚持党中央权威和集中统一领导，是我国革命、建设、改革的重要经验。坚持党的领导，首先是坚持党中央权威和集中统一领导，这是党的领导的最高原则。党的历史经验表明，凡是党中央权威和集中统一领导坚持得好，党的事业就兴旺发达；反之，党的事业就遭受挫折。坚决维护党中央权威、保证全党令行禁止，是党和国家前途命运所系，是全国各族人民根本利益所在。遵义会议事实上确立了毛泽东同志在党中央和红军的领导地位，开始形成以毛泽东同志为核心的党的第一代中央领导集体，在危急关头挽救了党、挽救了红军、挽救了中国革命。党的十八大以来，党和国家事业之所以能够取得历史性成就、发生历史性变革，最根本的就是形成和确立了习近平同志党中央的核心、全党的核心地位，坚持了党中央权威和集中统一领导。正因为有习近平同志作为党中央的核心、全党的核心领航掌舵，有全党全国各族人民团结一心、顽强奋斗，我们才解决了许多长期想解决而没有解决的难题，办成了许多过去想办而没有办成的大事，战胜了一系列重大风险挑战，推动党和国家事业不断向前发展。

坚决做到"两个维护"，是党的十八大以来我们党的重大政治成

李鸿忠（中共中央政治局委员、天津市委书记）：《决议》高度评价了党的十八大以来以习近平同志为核心的党中央带领全党全国人民推动党和国家事业取得的历史性成就、发生的历史性变革，高度评价了习近平总书记作为党中央的核心、全党的核心作出的卓越历史贡献，高度评价了习近平新时代中国特色社会主义思想的指导地位和意义。实践证明，习近平总书记是经过历史检验、实践考验、斗争历练的当之无愧的党的核心，是赢得全党全国人民衷心拥护爱戴的人民领袖，是实现中华民族伟大复兴的领路人。

果和宝贵经验。当今世界正经历百年未有之大变局，我国正处于实现中华民族伟大复兴关键时期，今后我们还会遇到各种各样的风险考验甚至是难以想象的惊涛骇浪。越是接近目标，越是形势复杂，越是任务艰巨，越要发挥中国共产党领导的政治优势和中国特色社会主义的制度优势，越要发挥党中央集中统一领导的定海神针作用。只有在全党激发高度的政治自觉、坚决做到"两个维护"，不断提高政治判断力、政治领悟力、政治执行力，做到党中央提倡的坚决响应，党中央决定的坚决执行，党中央禁止的坚决不做，确保统一意志、统一行动、步调一致向前进，我们党才能以新气象新作为统揽推进伟大斗争、伟大工程、伟大事业、伟大梦想。只要我们坚决维护习近平同志党中央的核心、全党的核心地位，坚决维护党中央权威和集中统一领导，把准政治方向，夯实政治根基，涵养政治生态，防范政治风险，永葆政治本色，把党建设得更加坚强有力，就一定能确保我们党始终成为中国特色社会主义事业的坚强领导核心，为实现第二个百年奋斗目标和中华民族伟大复兴的中国梦提供坚强政治保证。

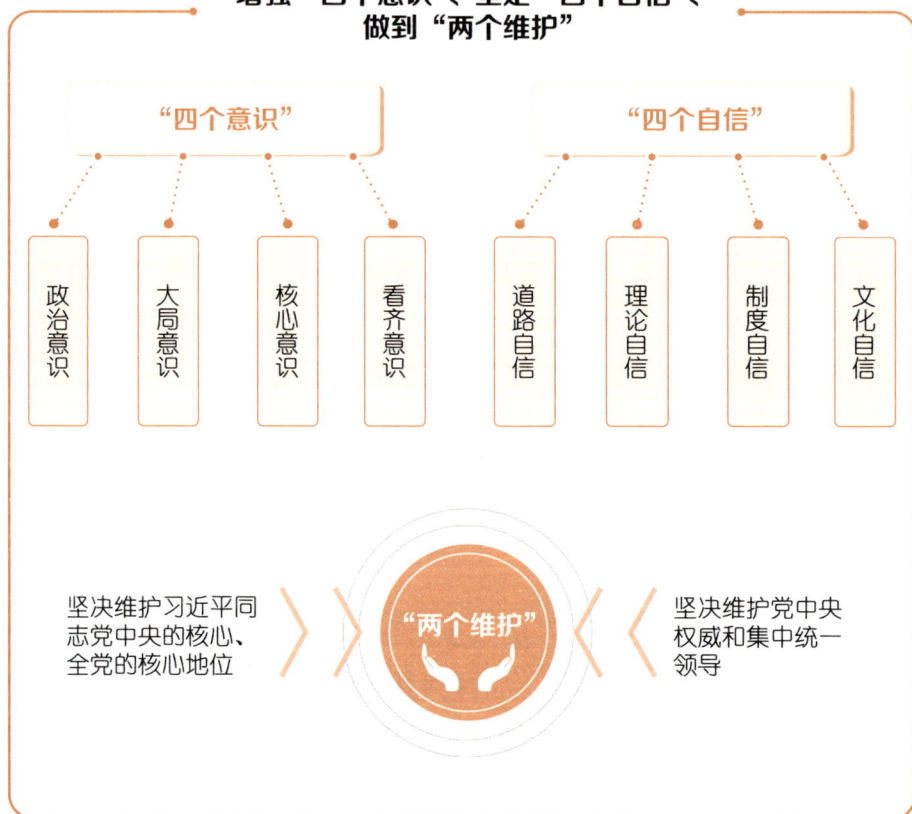

增强"四个意识"、坚定"四个自信"、做到"两个维护"

"四个意识"：政治意识　大局意识　核心意识　看齐意识

"四个自信"：道路自信　理论自信　制度自信　文化自信

"两个维护"

坚决维护习近平同志党中央的核心、全党的核心地位

坚决维护党中央权威和集中统一领导

（三）总结党的百年奋斗重大成就和历史经验，是推进党的自我革命、提高全党斗争本领和应对风险挑战能力、永葆党的生机活力、团结带领全国各族人民为实现中华民族伟大复兴的中国梦而继续奋斗的需要

强大的政党是在自我革命中锻造出来的。勇于自我革命，是我们党最鲜明的品格，也是我们党最大的优势。自我革命，是刀刃向内、刮骨疗毒，需要思想上的高度自省、行动上的高度自觉。习近平总书记指出，"我们党总是在推动社会革命的同时，勇于推动自我革命"。回顾党的历史，从延安时期的"民主新路"，到社会主义建设和改革

✓ 在建党百年历史条件下开启全面建设社会主义现代化国家新征程、在新时代坚持和发展中国特色社会主义的需要

✓ 增强政治意识、大局意识、核心意识、看齐意识，坚定道路自信、理论自信、制度自信、文化自信，做到坚决维护习近平同志党中央的核心、全党的核心地位，坚决维护党中央权威和集中统一领导，确保全党步调一致向前进的需要

✓ 推进党的自我革命、提高全党斗争本领和应对风险挑战能力、永葆党的生机活力、团结带领全国各族人民为实现中华民族伟大复兴的中国梦而继续奋斗的需要

时期持续加强党的先进性建设和执政能力建设，再到新时代全面从严治党的伟大自我革命，我们党始终保持自我革命精神，保持承认并改正错误的勇气，一次次拿起手术刀革除自身的病灶，一次次靠自己解决了自身问题。可以说，中国共产党的伟大就在于敢于正视问题、勇于解决问题，善于自我净化、自我完善、自我革新、自我提高，具有强大的自我修复能力。这种能力既是我们党区别于世界上其他政党的显著标志，也是我们党长盛不衰的重要原因。

全党要坚持唯物史观和正确党史观，从党的百年奋斗中看清楚过去我们为什么能够成功、弄明白未来我们怎样才能继续成功，从而更加坚定、更加自觉地践行初心使命，在新时代更好坚持和发展中国特色社会主义。

四、三个历史决议一脉相承

《决议》指出，1945年党的六届七中全会通过的《关于若干历史问题的决议》、1981年党的十一届六中全会通过的《关于建国以来党的若干历史问题的决议》，实事求是总结党的重大历史事件和重要经验教训，在重大历史关头统一了全党思想和行动，对推进党和人民事业发挥了重要引领作用，其基本论述和结论至今仍然适用。

1945年，在全面抗战进入新阶段、中国人民的革命力量受到严峻考验的关头，党的六届七中全会通过了《关于若干历史问题的决议》，对建党以后特别是党的六届四中全会至遵义会议前这一段党的历史及其经验教训进行了系统总结，对若干重大历史问题作出了结论，高度评价了毛泽东同志运用马克思列宁主义基本原理解决中国革命问题的杰出贡献，肯定了确立毛泽东同志在全党的领导地位的重大意义，使全党特别是党的高级干部对中国革命基本问题的认识达到了

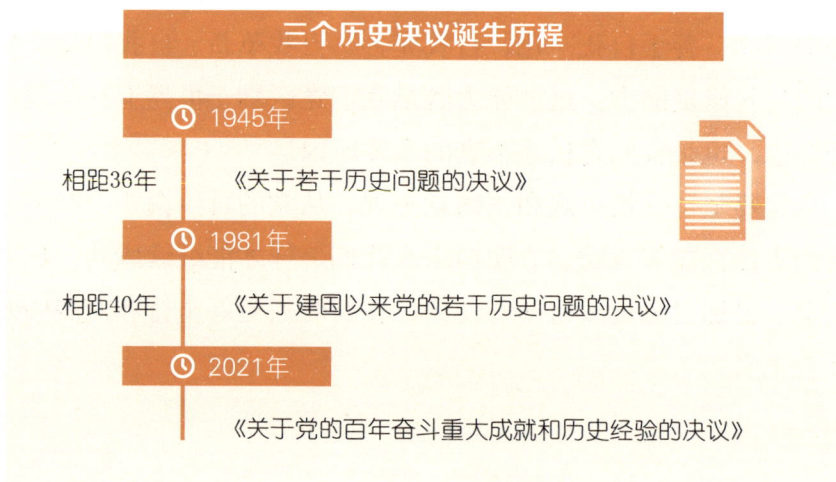

三个历史决议诞生历程

🕐 1945年	
相距36年	《关于若干历史问题的决议》
🕐 1981年	
相距40年	《关于建国以来党的若干历史问题的决议》
🕐 2021年	
	《关于党的百年奋斗重大成就和历史经验的决议》

一致，增强了全党团结，为党的七大胜利召开创造了充分条件，有力促进了中国革命事业发展。

1981年，党的十一届六中全会通过了《关于建国以来党的若干历史问题的决议》，回顾了新中国成立以前党的历史，总结了社会主义革命和建设的历史经验，对一些重大事件和重要人物作出了实事求是的评价，从根本上否定了"文化大革命"和"无产阶级专政下继续革命"的错误理论，正确评价了毛泽东同志和毛泽东思想，充分肯定毛泽东思想作为党的指导思想的伟大意义，分清了是非，纠正了

深阅读

《决议》共七个部分，在内容摆布上有两个特点：第一个，与前两个历史决议主要总结党的历史教训、分清历史是非不同，这次主要总结党的百年奋斗重大成就和历史经验，重点总结新时代党和国家事业取得的历史性成就、发生的历史性变革和积累的新鲜经验。从建党到改革开放之初，党的历史上的重大是非问题，前两个历史决议基本都解决了，其基本论述和结论至今仍然是适用的。改革开放以来，尽管党的工作中也出现过一些问题，但总体上党和国家事业发展是顺利的，前进方向是正确的，取得的成就是举世瞩目的。《决议》把着力点放在总结党的百年奋斗重大成就和历史经验上，符合实际，有利于推动全党增长智慧、增进团结、增加信心、增强斗志。第二个，《决议》突出中国特色社会主义新时代这个重点，用较大篇幅总结党的十八大以来的原创性思想、变革性实践、突破性进展和标志性成果。这有利于引导全党进一步坚定信心、聚焦我们正在做的事情，以更加昂扬的姿态迈进新征程、建功新时代。

"左"、右两方面的错误观点，统一了全党思想，对推动党团结一致向前看、更好推进改革开放和社会主义现代化建设产生了重大影响。

前两个历史决议产生的历史条件、时代背景、所要解决的问题有所不同，但都是在党的重大历史关头作出的，都实事求是总结了党的重大历史事件和重要经验教训，都在重大历史关头统一了全党思想和行动，都对推进党和人民事业发挥了重要引领作用，具有重要历史意义，其基本论述和结论至今仍然适用。

五、《决议》是纲领性文献、政治宣言、行动指南

在我们党成立100周年的重要历史节点，党的十九届六中全会聚焦"从党的百年奋斗中看清楚过去我们为什么能够成功、弄明白未来我们怎样才能继续成功，从而更加坚定、更加自觉地践行初心使命，在新时代更好坚持和发展中国特色社会主义"，审议通过《决议》。

在党的百年历史上，《决议》是第三个历史决议。它凝聚了全党9500多万名党员和广大人民群众的集体智慧和力量。

第一，《决议》是一篇光辉的马克思主义纲领性文献。《决议》全面总结党的百年奋斗重大成就和历史经验，是一份集政治决议、思想决议、战略决议、行动决议于一体的马克思主义光辉文献，充分彰显了以习近平同志为核心的党中央高超的政治智慧和强烈的历史担当。

第二，《决议》是新时代中国共产党人牢记初心使命、坚持和发展中国特色社会主义的政治宣言。党的百年历史，就是一部始终坚持真理、坚守理想，践行初心、担当使命的伟大奋斗史。《决议》深刻回答了"中国共产党为什么能、马克思主义为什么行、中国特色社会主义为什么好"，彰显了百年大党高度的历史自觉和历史自信，是一

篇必将永载史册的马克思主义光辉篇章。

第三，《决议》是以史为鉴、开创未来，实现中华民族伟大复兴的行动指南。初心易得，始终难守。以史为鉴，可以知兴替。正如习近平总书记所指出的："我们要用历史映照现实、远观未来，从中国共产党的百年奋斗中看清楚过去我们为什么能够成功、弄明白未来我们怎样才能继续成功，从而在新的征程上更加坚定、更加自觉地牢记初心使命、开创美好未来。"

《决议》具有以下三个方面的重大意义，将会产生深刻广泛的社会影响。

第一，《决议》深刻总结我们党100年来团结带领全国各族人民从胜利走向胜利的伟大历程，教育引导全党深刻认识红色政权来之不易、新中国来之不易、中国特色社会主义来之不易，增强我们继续前进的勇气和力量。习近平总书记指出："光荣传统不能丢，丢了就丢了魂；红色基因不能变，变了就变了质。党员、干部要多学党史、新中国史，自觉接受红色传统教育，常学常新，不断感悟，巩固和升华理想信念。"走好新赶考之路，要学习贯彻《决议》精神，用党的重大成就和历史经验来鼓舞斗志、明确方向、凝聚力量、坚定信心，以一往无前的奋斗姿态继续坚持和发展中国特色社会主义，奋力夺取全面建设社会主义现代化国家新胜利。

《决议》的重要地位

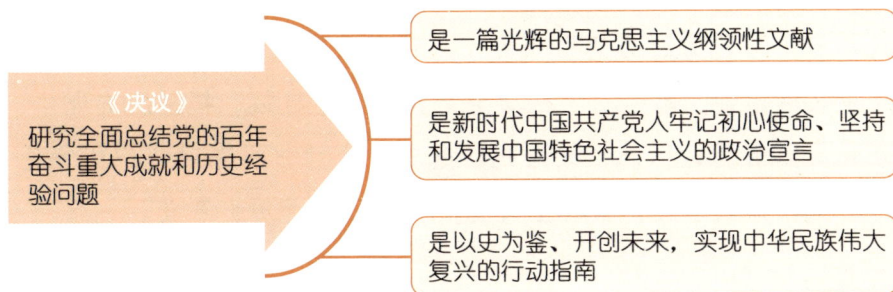

《决议》研究全面总结党的百年奋斗重大成就和历史经验问题

- 是一篇光辉的马克思主义纲领性文献
- 是新时代中国共产党人牢记初心使命、坚持和发展中国特色社会主义的政治宣言
- 是以史为鉴、开创未来，实现中华民族伟大复兴的行动指南

第二，《决议》深刻总结我们党 100 年来从小到大、从弱到强的成长历程，教育引导全党深刻认识加强党的政治建设的重要性，增强全党团结统一的自觉性和坚定性。习近平总书记指出："党的政治建设的首要任务，就是保证全党服从中央，坚持党中央权威和集中统一领导，绝不能有丝毫含糊和动摇，必须常抓不懈。要教育引导全党从党史中汲取正反两方面历史经验，坚定不移向党中央看齐，切实增强'四个意识'、坚定'四个自信'、做到'两个维护'，自觉在思想上政治上行动上同党中央保持高度一致，确保全党上下拧成一股绳，心往一处想、劲往一处使。"走好新赶考之路，要学习贯彻《决议》精神，坚持和发扬维护党中央权威和集中统一领导的历史经验，特别是党的十八大以来的新鲜经验，增强"四个意识"、坚定"四个自信"、做到"两个维护"，在以习近平同志为核心的党中央的坚强领导下，把我们党团结凝聚成"一块坚硬的钢铁"，团结一致向前进。

第三，《决议》深刻总结我们党 100 年来加强自身建设、推进自我革命的伟大实践，教育引导全党深刻认识全面从严治党的重要性和

权威评论

陈希［中共中央政治局委员、中央书记处书记、中央组织部部长、中共中央党校（国家行政学院）校（院）长］：全会审议通过的《中共中央关于党的百年奋斗重大成就和历史经验的决议》，是一篇极具历史穿透力、思想引领力、政治动员力、时代感召力的马克思主义纲领性文献，对于推动全党坚定历史自信、把握历史规律、强化历史自觉，以统一的思想、意志和行动推进新时代中国特色社会主义伟大事业，具有重大现实意义和深远历史意义。

必要性，确保我们党始终成为中国特色社会主义事业的坚强领导核心。习近平总书记指出："我们党历经千锤百炼而朝气蓬勃，一个很重要的原因就是我们始终坚持党要管党、全面从严治党，不断应对好自身在各个历史时期面临的风险考验，确保我们党在世界形势深刻变化的历史进程中始终走在时代前列，在应对国内外各种风险挑战的历史进程中始终成为全国人民的主心骨！"走好新赶考之路，要学习贯彻《决议》精神，深刻汲取党加强自身建设、保持先进性和纯洁性、提高领导水平和执政水平的历史经验，进一步提高全党应对各种风险挑战的能力，永葆党的生机活力，团结带领全国各族人民为实现第二个百年奋斗目标、实现中华民族伟大复兴的中国梦而不懈奋斗。

第二讲

夺取新民主主义革命伟大胜利

新民主主义革命时期，是党的百年奋斗中为实现中华民族伟大复兴创造根本社会条件的历史时期。《决议》阐明了这一时期党面临的主要任务，总结党领导人民在各个阶段以革命的武装推翻帝国主义、封建主义、官僚资本主义三座大山，建立了中华人民共和国，实现了民族独立、人民解放的伟大历史成就，以及创立毛泽东思想、实施和推进党的建设的伟大工程的重大成就等。《决议》强调，新民主主义革命的胜利，彻底结束了旧中国半殖民地半封建社会的历史，彻底废除了列强强加给中国的不平等条约和帝国主义在中国的一切特权，实现了中国从几千年封建专制政治向人民民主的伟大飞跃。中国共产党和中国人民以英勇顽强的奋斗向世界庄严宣告，中国人民从此站起来了，中华民族任人宰割、饱受欺凌的时代一去不复返了！

一、新民主主义革命时期的主要任务、主要矛盾和伟大历程

　　新民主主义革命时期，党面临的主要任务是，反对帝国主义、封建主义、官僚资本主义，争取民族独立、人民解放，为实现中华民族伟大复兴创造根本社会条件。

　　中华民族是世界上古老而伟大的民族，创造了绵延5000多年的灿烂文明，为人类文明进步作出了不可磨灭的贡献。1840年鸦片战争以后，由于西方列强入侵和封建统治腐败，中国逐步成为半殖民地半封建社会，国家蒙辱、人民蒙难、文明蒙尘，中华民族遭受了前所未有的劫难。为了拯救民族危亡，中国人民奋起反抗，仁人志士奔走呐喊，进行了可歌可泣的斗争。太平天国运动、洋务运动、戊戌变法、义和团运动接连而起，各种救国方案轮番出台，但都以失败告终。孙中山先生领导的辛亥革命推翻了统治中国几千年的君主专制制度，但

未能改变中国半殖民地半封建的社会性质和中国人民的悲惨命运。中国迫切需要新的思想引领救亡运动，迫切需要新的组织凝聚革命力量。

从这时起，实现中华民族伟大复兴成为全民族最伟大的梦想；争取民族独立、人民解放和实现国家富强、人民幸福，成为中国人民的历史任务。

十月革命一声炮响，给中国送来了马克思列宁主义。五四运动促进了马克思主义在中国的传播。在中国人民和中华民族的伟大觉醒中，在马克思列宁主义同中国工人运动的紧密结合中，1921年7月中国共产党应运而生。中国产生了共产党，这是开天辟地的大事变，中国革命的面貌从此焕然一新。

第一，中国共产党的成立深刻改变了近代以后中华民族发展的方向和进程。中国共产党一经成立，就把为中国人民谋幸福、为中华民族谋复兴作为初心使命，坚持以马克思主义为指导，旗帜鲜明地把社会主义和共产主义作为自己的奋斗目标，并坚持用革命手段实现这个目标。从此，中国革命有了正确的前进方向，中国人民有了强大的凝聚力量，中华民族有了光明的发展前景。

第二，中国共产党的成立深刻改变了中国人民和中华民族的前途和命运。中国共产党以马克思列宁主义为指导，找到了国家和民族的出路，认清了中国的出路在于推翻帝国主义、封建主义和官僚资本主义的统治，并进行社会主义革命和建设。从此，中国人民谋求民族独立、人民解放和国家富强、人民幸福的斗争就有了主心骨，中国人民就从精神上由被动转为主动。

第三，中国共产党的成立深刻改变了世界发展的趋势和格局。中国共产党的成立，壮大了世界社会主义革命阵营的力量，扩大了世界无产阶级社会主义革命的影响，改变了世界发展的趋势和格局。

党深刻认识到，近代中国社会主要矛盾是帝国主义和中华民族的矛盾、封建主义和人民大众的矛盾。实现中华民族伟大复兴，必须进

挽救民族危机、实现民族复兴成为最迫切的任务

中国迫切需要新的思想引领救亡运动和新的组织凝聚革命力量

十月革命一声炮响，给中国送来了马克思列宁主义

中国工人阶级成为一支新兴社会力量

五四运动促进了马克思主义在中国的传播

历史背景

中国共产党成立的历史背景和伟大历史意义

伟大历史意义

深刻改变了近代以后中华民族发展的方向和进程

深刻改变了中国人民和中华民族的前途和命运

深刻改变了世界发展的趋势和格局

行反帝反封建斗争。

建党之初和大革命时期，党制定民主革命纲领，发动工人运动、青年运动、农民运动、妇女运动，推进并帮助国民党改组和国民革命军建立，领导全国反帝反封建伟大斗争，掀起大革命高潮。1927年国民党内反动集团叛变革命，残酷屠杀共产党人和革命人民，由于党内以陈独秀为代表的右倾思想发展为右倾机会主义错误并在党的领导机关中占了统治地位，党和人民不能组织有效抵抗，致使大革命在强大的敌人突然袭击下遭到惨重失败。

大革命的失败，从主观方面说，是因为党还处在幼年时期，缺乏应对复杂环境的政治经验，还不善于将马克思主义基本原理同中国革

丁薛祥（中共中央政治局委员、中央书记处书记、中央办公厅主任）：党的十九届六中全会通过的《中共中央关于党的百年奋斗重大成就和历史经验的决议》系统总结党的百年奋斗重大成就和历史经验，强调全党要牢记中国共产党是什么、要干什么这个根本问题，把握历史发展大势，坚定理想信念，牢记初心使命；要以咬定青山不放松的执着奋力实现既定目标，以行百里者半九十的清醒不懈推进中华民族伟大复兴。

命具体实际结合起来；从客观方面讲，是由于反革命力量强大，资产阶级发生严重动摇。大革命的历史意义是不可磨灭的。经过大革命的洗礼，党从正反两方面积累了深刻的经验，开始在实践中探索马克思主义中国化的途径，初步提出无产阶级领导的新民主主义革命的基本思想，为把中国革命推进到一个新的阶段——土地革命战争时期准备了必要的条件。

土地革命战争时期，党从残酷的现实中认识到，没有革命的武装就无法战胜武装的反革命，就无法夺取中国革命胜利，就无法改变中国人民和中华民族的命运，必须以武装的革命反对武装的反革命。南昌起义打响武装反抗国民党反动派的第一枪，标志着中国共产党独立领导革命战争、创建人民军队和武装夺取政权的开端。八七会议确定实行土地革命和武装起义的方针。党领导举行秋收起义、广州起义和其他许多地区起义，但由于敌我力量悬殊，这些起义大多数失败了。事实证明，在当时的客观条件下，中国共产党人不可能像俄国十月革命那样通过首先占领中心城市来取得革命在全国的胜利，党迫切需要找到适合中国国情的革命道路。

从进攻大城市转为向农村进军，是中国革命具有决定意义的新起点。毛泽东同志领导军民在井冈山建立第一个农村革命根据地，党领导人民打土豪、分田地。

之所以说大革命失败后，集中体现中国革命正确方向的是毛泽东同志、朱德同志领导的井冈山革命根据地的斗争，是因为：一是井冈山地区群众基础比较好，大革命时期湘赣边界各县曾建立党的组织和农民协会；二是这里的部分旧式农民武装，愿意同工农革命军联合；三是这里地势险要，易守难攻；四是周围各县有自给自足的农业经济，便于部队筹款筹粮；五是井冈山地处湘赣边界，距离国民党统治的中心比较远，湘赣两省军阀之间存在矛盾，对这个地区的控制力量比较薄弱。井冈山革命根据地的建立，点燃了工农武装割据的星星之火，为中国革命探索出了农村包围城市、武装夺取政权这样一条前人没有走过的正确革命道路。

古田会议确立思想建党、政治建军原则。随着斗争发展，党创建了中央革命根据地和湘鄂西、海陆丰、鄂豫皖、琼崖、闽浙赣、湘鄂赣、湘赣、左右江、川陕、陕甘、湘鄂川黔等根据地。党在国民党统治下的白区也发展了党和其他革命组织，开展了群众革命斗争。然而，由于王明"左"倾教条主义在党内的错误领导，中央革命根据地第五次反"围剿"失败，红军不得不进行战略转移，经过艰苦卓绝的

1919—1921年 五四运动到建党前	1927—1937年 土地革命战争时期	1945—1949年 解放战争时期

新民主主义革命的伟大历程

1921—1927年 建党之初和大革命时期	1931—1945年 抗日战争时期	1949年 中华人民共和国成立

长征转战到陕北。"左"倾路线的错误给革命根据地和白区革命力量造成极大损失。

1935年1月，中央政治局在长征途中举行遵义会议，事实上确立了毛泽东同志在党中央和红军的领导地位，开始确立以毛泽东同志为主要代表的马克思主义正确路线在党中央的领导地位，开始形成以毛泽东同志为核心的党的第一代中央领导集体，开启了党独立自主解决中国革命实际问题的新阶段，在最危急关头挽救了党、挽救了红军、挽救了中国革命，并且在这以后使党能够战胜张国焘的分裂主义，胜利完成长征，打开中国革命新局面。这在党的历史上是一个生死攸关的转折点。

在长征中，党进一步认识到，只有把马克思主义基本原理同中国革命具体实际结合起来，独立自主解决中国革命的重大问题，才能把革命事业引向胜利。这是在血的教训和斗争考验中得出的真理。长征的胜利，极大地促进了党在政治上和思想上的成熟。经过长征的千锤百炼，党实现了在追求真理、坚持真理的基础上全党的空前团结。

延伸问答

问：为什么说遵义会议在党的历史上是一个生死攸关的转折点？

答：一是遵义会议是在中央革命根据地第五次反"围剿"失败和长征初期严重受挫的历史关头召开的。二是遵义会议事实上确立了毛泽东同志在党中央和红军的领导地位，在最危急的情况下挽救了党、挽救了红军、挽救了中国革命。三是遵义会议后在新的中央领导的指挥下，中央红军以崭新的姿态胜利完成了长征，开创了中国革命的新局面。

抗日战争时期，九一八事变后，中日民族矛盾逐渐超越国内阶级矛盾上升为主要矛盾。在日本帝国主义加紧侵略我国、民族危机空前严重的关头，党率先高举武装抗日旗帜，广泛开展抗日救亡运动，促成西安事变和平解决，对推动国共再次合作、团结抗日起了重大历史作用。七七事变后，党实行正确的抗日民族统一战线政策，坚持全面抗战路线，提出和实施持久战的战略总方针和一整套人民战争的战略战术，开辟广大敌后战场和抗日根据地，领导八路军、新四军、东北抗日联军和其他人民抗日武装英勇作战，成为全民族抗战的中流砥柱，直到取得中国人民抗日战争最后胜利。这是近代以来中国人民反抗外敌入侵第一次取得完全胜利的民族解放斗争，也是世界反法西斯战争胜利的重要组成部分。

在抗日战争时期，在民族危亡的历史关头，中国共产党以卓越的政治领导力和正确的战略策略，指引了中国抗战的前进方向，坚定不移地推动全民族坚持抗战、团结、进步，反对妥协、分裂、倒退。中国共产党高举抗日民族统一战线的旗帜，坚决维护、巩固、发展统一战线，坚持独立自主、团结抗战，维护了团结抗战大局。中国共产党在全民族抗战中发挥了中流砥柱作用，这是中国人民抗日战争取得完全胜利的决定性因素。抗日战争的实践表明，中国共产党是领导中国人民争取民族独立和人民解放的坚强核心。

解放战争时期，面对国民党反动派悍然发动的全面内战，党领导广大军民逐步由积极防御转向战略进攻，打赢辽沈、淮海、平津三大战役和渡江战役，向中南、西北、西南胜利进军，消灭国民党反动派800万军队，推翻国民党反动政府，推翻帝国主义、封建主义、官僚资本主义三座大山。党领导的人民军队在人民支持下，以一往无前的英雄气概同穷凶极恶的敌人进行殊死斗争，为夺取新民主主义革命胜利建立了历史功勋。

在中国革命即将取得胜利的前夜，1949年3月，党的七届二中

全民族抗战时期中国共产党领导的人民军队主要战绩统计

作战总次数	125165 次		解放人口	1.255 亿

消灭日伪军有生力量

毙伤日军	520463 人		毙伤伪军	490130 人
俘虏日军	6213 人		俘虏伪军	512933 人
投诚反正的日军	746 人		投诚反正的伪军	183632 人

缴获

各种炮	1852 门
长短枪	682831 支
轻重机枪	11895 挺
马匹	30448 匹
汽车、摩托车	347 辆

击毁

飞机	57 架
坦克	69 辆
装甲车	164 辆
火车机车	301 辆
汽车、摩托车	6080 辆

抗击关内侵华日军的 58%—69% 和几乎全部伪军，收复国土 104.8 万余平方公里，歼敌合计 1714117 人（日军 527422 人、伪军 1186695 人）

注：1. 材料时间：1937 年 9 月至 1945 年 10 月 11 日。2. 材料内容：含八路军、新四军、华南人民抗日游击队战绩。3. 统计时间：1945 年 12 月（延安总部资料）

数据来源：中国共产党历史展览馆

全会在河北西柏坡举行。全会着重强调党的工作重心的战略转移，指出：党着重在乡村聚集力量、用乡村包围城市这样一种时期已经完结，从现在起，开始了由城市到乡村并由城市领导乡村的时期。党要立即开始着手建设事业，一步一步地学会管理城市，并将恢复和发展城市中的生产作为中心任务。城市中的其他工作，都必须围绕着生产建设这个中心工作并为这个中心工作服务。

党的七届二中全会高度重视党在全国范围执政后的自身建设问题。毛泽东同志提醒全党同志进一步加强思想建设和作风建设，"务必使同志们继续地保持谦虚、谨慎、不骄、不躁的作风，务必使同志们继续地保持艰苦奋斗的作风"，警惕资产阶级"糖衣炮弹"的攻击。"两个务必"思想包含着对中国几千年治乱兴衰历史规律的深刻把握，包含着对中国共产党艰苦卓绝奋斗历程的深刻总结，包含着对胜利了的政党永葆先进性和纯洁性、对即将诞生的人民政权实现长治久安的深刻忧思，包含着对中国共产党坚持全心全意为人民服务根本宗旨的深刻认识。"两个务必"思想始终激励全党永远保持艰苦奋斗的光荣传统，永远保持同人民群众的血肉联系。

二、新民主主义革命时期的理论成果和
历史成就

在革命斗争中，以毛泽东同志为主要代表的中国共产党人，把马克思列宁主义基本原理同中国具体实际相结合，对经过艰苦探索、付出巨大牺牲积累的一系列独创性经验作了理论概括，开辟了农村包围城市、武装夺取政权的正确革命道路，创立了毛泽东思想，为夺取新民主主义革命胜利指明了正确方向。

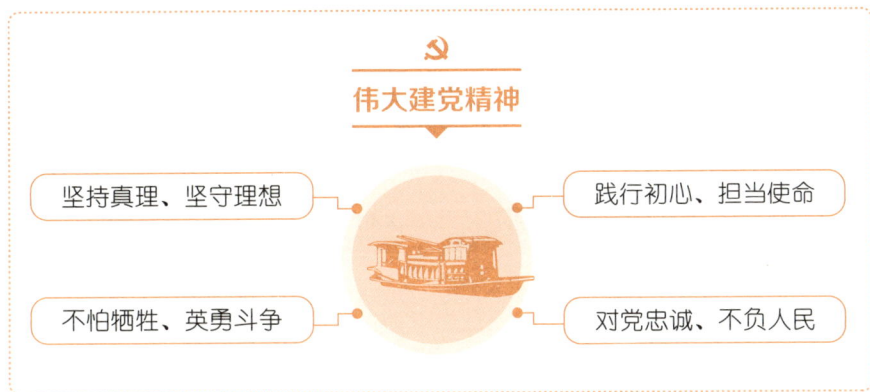

伟大建党精神

坚持真理、坚守理想 — 践行初心、担当使命

不怕牺牲、英勇斗争 — 对党忠诚、不负人民

在革命斗争中，党弘扬坚持真理、坚守理想，践行初心、担当使命，不怕牺牲、英勇斗争，对党忠诚、不负人民的伟大建党精神，实施和推进党的建设伟大工程，提出着重从思想上建党的原则，坚持民主集中制，坚持理论联系实际、密切联系群众、批评和自我批评三大优良作风，形成统一战线、武装斗争、党的建设三大法宝，努力建设全国范围的、广大群众性的、思想上政治上组织上完全巩固的马克思主义政党。党从 1942 年开始在全党进行整风，这场马克思主义思想教育运动收到巨大成效。党制定《关于若干历史问题的决议》，使全党对中国革命基本问题的认识达到一致。党的七大为建立新民主主义的新中国制定了正确路线方针政策，使全党在思想上政治上组织上达到空前统一和团结。

中国共产党在坚持抗战的同时，注重加强自身建设。从 1942 年 2 月开始至 1945 年春季结束，全党开展整风运动，主要是反对主观主义以整顿学风，反对宗派主义以整顿党风，反对党八股以整顿文风。整风运动既是一次马克思主义的思想教育运动，也是一次破除党内把

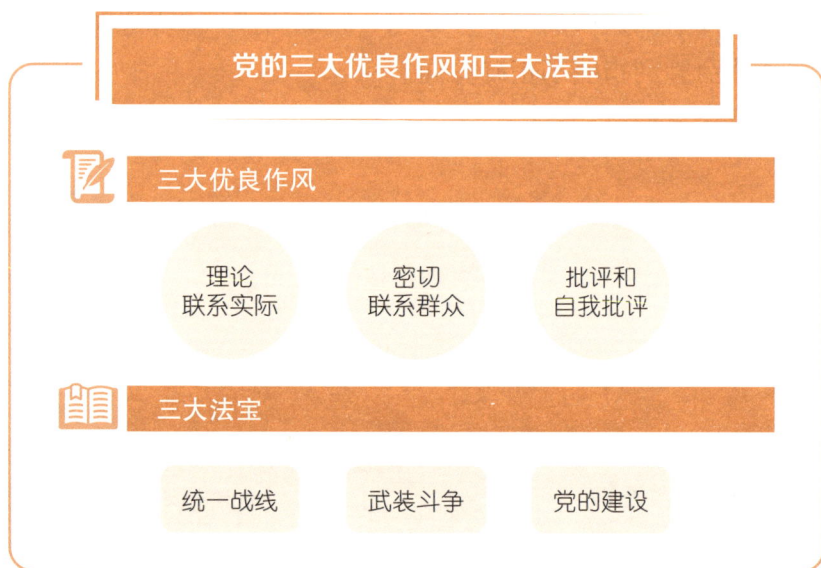

党的三大优良作风和三大法宝

三大优良作风

| 理论联系实际 | 密切联系群众 | 批评和自我批评 |

三大法宝

| 统一战线 | 武装斗争 | 党的建设 |

马克思主义教条化、把共产国际决议和苏联经验神圣化错误倾向的思想解放运动。整风运动为党的七大的顺利召开奠定了思想政治基础。

党的七大概括了毛泽东思想的主要内容，这就是：关于现代世界情况及中国国情的分析，关于新民主主义的理论与政策，关于解放农民的理论与政策，关于革命统一战线的理论与政策，关于革命战争的理论与政策，关于革命根据地的理论与政策，关于建设新民主主义共和国的理论与政策，关于建设党的理论与政策，关于文化的理论与政策，等等。毛泽东思想是在党领导人民艰苦奋斗的基础上，通过总结正反两方面的经验，在实践中逐步形成的。它是中国共产党集体智慧的结晶，以独创性理论丰富和发展了马克思主义，实现了马克思主义中国化的第一次历史性飞跃。党的七大确立毛泽东思想为党的指导思想，是近代中国历史和人民革命斗争发展的必然选择。

经过 28 年浴血奋斗，党领导人民，在各民主党派和无党派民主人士积极合作下，于 1949 年 10 月 1 日宣告成立中华人民共和国，实

深阅读

《决议》第一部分"夺取新民主主义革命伟大胜利"。阐明这一时期党面临的主要任务是，反对帝国主义、封建主义、官僚资本主义，争取民族独立、人民解放，为实现中华民族伟大复兴创造根本社会条件。分析党产生的历史背景，总结党领导人民在建党之初和大革命时期、土地革命战争时期、抗日战争时期、解放战争时期进行革命斗争的历史进程和创造的伟大成就，以及创立毛泽东思想、实施和推进党的建设伟大工程的重大成就。强调成立中华人民共和国，实现民族独立、人民解放，实现了中国从几千年封建专制政治向人民民主的伟大飞跃。

新民主主义革命时期的历史成就	
▶ 实现民族独立、人民解放	▶ 彻底结束了旧中国半殖民地半封建社会的历史
▶ 彻底结束了极少数剥削者统治广大劳动人民的历史	▶ 彻底结束了旧中国一盘散沙的局面
▶ 彻底废除了列强强加给中国的不平等条约和帝国主义在中国的一切特权	▶ 实现了中国从几千年封建专制政治向人民民主的伟大飞跃
▶ 极大改变了世界政治格局	▶ 鼓舞了全世界被压迫民族和被压迫人民争取解放的斗争

现民族独立、人民解放，彻底结束了旧中国半殖民地半封建社会的历史，彻底结束了极少数剥削者统治广大劳动人民的历史，彻底结束了旧中国一盘散沙的局面，彻底废除了列强强加给中国的不平等条约和帝国主义在中国的一切特权，实现了中国从几千年封建专制政治向人民民主的伟大飞跃，也极大改变了世界政治格局，鼓舞了全世界被压迫民族和被压迫人民争取解放的斗争。

中华人民共和国的成立，为实现中华民族伟大复兴奠定了根本政治前提和制度基础。中华人民共和国的成立，是马克思列宁主义在中国的胜利。这个胜利，使马克思列宁主义被接受为人民共和国各项事业的指导思想，对世界历史产生了广泛而深远的影响。

实践充分说明，历史和人民选择了中国共产党，没有中国共产党领导，民族独立、人民解放是不可能实现的。中国共产党和中国人民以英勇顽强的奋斗向世界庄严宣告，中国人民从此站起来了，中华民族任人宰割、饱受欺凌的时代一去不复返了，中国发展从此开启了新纪元。

第三讲

完成社会主义革命和推进社会主义建设

一　社会主义革命和建设时期的主要任务、主要矛盾和伟大历程

二　社会主义革命和建设时期的理论成果和历史成就

社会主义革命和建设时期，是党的百年奋斗中为实现中华民族伟大复兴奠定根本政治前提和制度基础的历史时期。这一时期，党团结带领人民建立新中国、确立社会主义制度、探索建设社会主义国家的正确道路。《决议》阐明了这一时期党面临的主要任务，并总结新中国成立后党领导人民创造的伟大成就和党积累的初步经验。在阐述这一时期党取得的独创性理论成果的基础上，《决议》对毛泽东思想进行科学评价。《决议》强调，这一时期，我们党自力更生、发愤图强，实现了中华民族有史以来最为广泛而深刻的社会变革，实现了一穷二白、人口众多的东方大国大步迈进社会主义社会的伟大飞跃。回顾激情燃烧的奋斗岁月，中国共产党和中国人民以英勇顽强的奋斗向世界庄严宣告，中国人民不但善于破坏一个旧世，也善于建设一个新世界，只有社会主义才能救中国，只有社会主义才能发展中国！

一、社会主义革命和建设时期的主要任务、主要矛盾和伟大历程

社会主义革命和建设时期，党面临的主要任务是，实现从新民主主义到社会主义的转变，进行社会主义革命，推进社会主义建设，为实现中华民族伟大复兴奠定根本政治前提和制度基础。

新中国成立后，党领导人民战胜政治、经济、军事等方面一系列严峻挑战，肃清国民党反动派残余武装力量和土匪，和平解放西藏，实现祖国大陆完全统一；稳定物价，统一财经工作，完成土地改革，进行社会各方面民主改革，实行男女权利平等，镇压反革命，开展"三反"、"五反"运动，荡涤旧社会留下的污泥浊水，社会面貌焕然一新。中国人民志愿军雄赳赳、气昂昂跨过鸭绿江，同朝鲜人民和军队并肩战斗，战胜武装到牙齿的强敌，打出了国威军威，

习近平（中共中央总书记、国家主席、中央军委主席）：中国党和政府以非凡气魄和胆略作出抗美援朝、保家卫国的历史性决策。1950 年 10 月 19 日，中国人民志愿军在彭德怀司令员兼政治委员率领下进入朝鲜战场。这是以正义之师行正义之举。抗美援朝战争，是在交战双方力量极其悬殊条件下进行的一场现代化战争。当时，中美两国国力相差巨大。在这样极不对称、极为艰难的情况下，中国人民志愿军同朝鲜军民密切配合，首战两水洞、激战云山城、会战清川江、鏖战长津湖等，连续进行 5 次战役，此后又构筑起铜墙铁壁般的纵深防御阵地，实施多次进攻战役，粉碎"绞杀战"、抵御"细菌战"、血战上甘岭，创造了威武雄壮的战争伟业。

打出了中国人民的精气神，赢得抗美援朝战争伟大胜利，捍卫了新中国安全，彰显了新中国大国地位。新中国在错综复杂的国内国际环境中站稳了脚跟。

新中国成立以后，党中央从整风运动和党的七大以来形成的坚强团结，在执掌全国政权的条件下继续保持下来，全党继续保持了革命战争年代的艰苦奋斗作风和同人民群众的密切联系。新中国成立初期各项工作取得顺利进展的最重要的保证，就是因为有一个坚强团结的党、一个为正确目标而一致行动努力奋斗的党。

新中国成立后，我们党领导广大新解放区人民进行了轰轰烈烈的土地改革。1950 年 6 月 30 日，中央人民政府正式公布施行《中华人民共和国土地改革法》。土地改革的总路线是：依靠贫农、雇农，团结中农，中立富农，有步骤有分别地消灭封建剥削制度，发展农业生产。从 1950 年冬季开始，史上空前规模的土地改革运动，在新解放区有领导、有步骤、分阶段地展开。到 1952 年底，中国大陆除一部分少数民族地区外，基本完成了土地改革。全国约 3 亿无地少地的农民（包括老解放区农民在内）无偿获得了约 7 亿亩土地，农村的土地占有关系发生了根本变化，无地少地的农民还获得了其他生产资料和生活资料。这标志着在我国延续了几千年的封建制度的基础——地主阶级的土地所有制，已经彻底被消灭，农民成为土地的真正主人。这从根本上解放了农村生产力，激发了广大农民的生产积极性，促进了农业的恢复和发展，为工业化开辟了道路。

党领导建立和巩固工人阶级领导的、以工农联盟为基础的人民民主专政的国家政权，为国家迅速发展创造了条件。1949 年，中国人民政治协商会议第一届全体会议制定《中国人民政治协商会议共同纲领》。1953 年，党正式提出过渡时期的总路线，即在一个相当长的时期内，逐步实现国家的社会主义工业化，并逐步实现国家对农业、手工业和资本主义工商业的社会主义改造。1954 年，召开第一届全国人民代表大会第一次会议，通过了《中华人民共和国宪法》。1956 年，我国基本上完成对生产资料私有制的社会主义改造，基本上实现生产资料公有制和按劳分配，建立起社会主义经济制度。党领导确立人民代表大会制度、中国共产党领导的多党合作和政治协商制度、民族区域自治制度，为人民当家作主提供了制度保证。党领导实现和巩固了全国各族人民的大团结，形成和发展各民族平等互助的社会主义民族关系，实现和巩固全国工人、农民、知识分子和其他各阶层人民的大团结，加强和扩大了广泛统一战线。社会主义制度的建立，为我国一切进步和发展奠定了重要基础。

从 1953 年开始，我国按照过渡时期总路线的要求，对农业、手工业和资本主义工商业的社会主义改造全面展开。1953 年起，农业合作化运动在全国普遍开展起来。到 1956 年底，加入农业生产合作社的农户达到全国农户总数的 96.3%，其中参加高级社的农户占全国农户总数的 87.8%，基本完成了对农业的社会主义改造。党在领导农业合作化的同时，也开始了对手工业的社会主义改造。到 1956 年底，我国基本上完成了对手工业的社会主义改造。对资本主义工商业的社会主义改造是通过国家资本主义的形式逐步进行的，采取的方针是经过国家资本主义改造资本主义工业，采用的政策可概括为"利用、限制、改造"。到 1956 年底，全国私营工业户数的 99% 和私营商业户数的 82.2%，分别被纳入了公私合营或合作社的轨道。至此，我国基本完成对资本主义工商业的社会主义改造。生产资料私有制的社会主义改造的完成，标志着我国社会主义制度的初步建立。

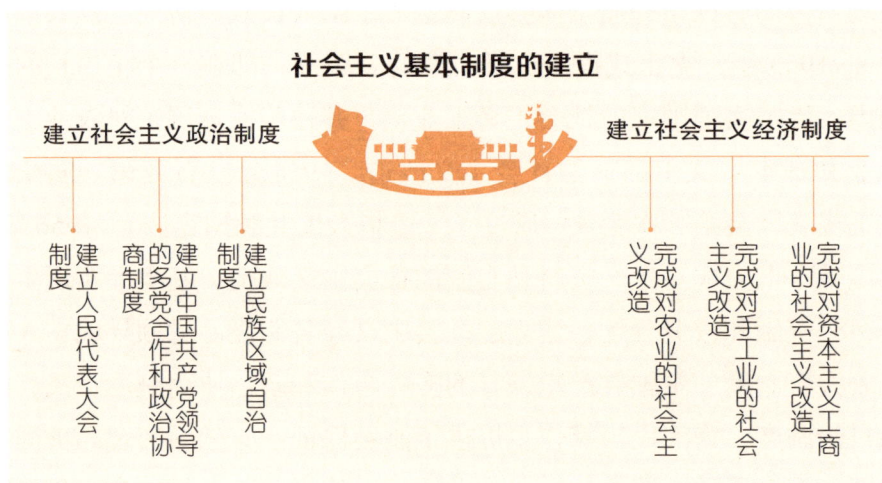

社会主义基本制度的建立

建立社会主义政治制度　　　　　　　建立社会主义经济制度

建立人民代表大会制度　｜　建立中国共产党领导的多党合作和政治协商制度　｜　建立民族区域自治制度　｜　完成对农业的社会主义改造　｜　完成对手工业的社会主义改造　｜　完成对资本主义工商业的社会主义改造

中国共产党团结带领中国人民完成社会主义革命，确立了社会主义制度，这是一个伟大的历史性胜利，为当代中国一切发展进步奠定了根本政治前提和制度基础。从此，党开始领导全国各族人民在新建立的社会主义制度的基础上，大力发展社会生产力，为实现国家富

党的八大提出我国社会主要矛盾发生的转变

强、人民幸福而奋斗。

党的八大根据我国社会主义改造基本完成后的形势，提出国内主要矛盾已经不再是工人阶级和资产阶级的矛盾，而是人民对于经济文化迅速发展的需要同当前经济文化不能满足人民需要的状况之间的矛盾，全国人民的主要任务是集中力量发展社会生产力，实现国家工业化，逐步满足人民日益增长的物质和文化需要。党提出努力把我国逐步建设成为一个具有现代农业、现代工业、现代国防和现代科学技术的社会主义强国，领导人民开展全面的大规模的社会主义建设。经过实施几个五年计划，我国建立起独立的比较完整的工业体系和国民经济体系，农业生产条件显著改变，教育、科学、文化、卫生、体育事业有很大发展。"两弹一星"等国防尖端科技不断取得突破，国防工业从无到有逐步发展起来。人民解放军得到壮大和提高，由单一的陆军发展成为包括海军、空军和其他技术兵种在内的合成军队，为巩固新生人民政权、确立中国大国地位、维护中华民族尊严提供了坚强后盾。

党的八大最重要的理论贡献，是对我国社会主要矛盾作出了正确判断，并据此提出了关于党和国家的主要任务。以《论十大关系》和党的八大为标志，我国探索适合自身实际情况的社会主义建设道路有了一个良好的开端。党的八大以后，党领导全国各族人民，继续在政治、经济、科学、文化等各领域进行探索，取得了全面建设社会主义的初步成果。虽然后来党的八大路线没有能在实践中完全坚持下去，但是，对中国建设社会主义道路的探索，对党和国家事业的发展都具有长远的重大意义。

1964年12月至1965年1月召开的三届全国人大一次会议郑重提出了实现"四个现代化"的历史任务。周恩来在政府工作报告中代表中央明确提出，"在不太长的历史时期内，把我国建设成为一个具有现代农业、现代工业、现代国防和现代科学技术的社会主义强国，赶上和超过世界先进水平"。1975年1月，四届全国人大一次会议重申了实现"四个现代化"的战略目标。"四个现代化"奋斗目标的提出，是中国共产党人经过对社会主义建设道路的深入探索和对中外发展经验的总结，通过反复权衡和深思熟虑，最终确定下来的，是激励和鼓舞全国各族人民建设社会主义现代化国家的强大精神动力。

党坚持独立自主的和平外交政策，倡导和坚持和平共处五项原则，坚定维护国家独立、主权、尊严，支持和援助世界被压迫民族解

农业现代化

科学技术现代化　　三届全国人大一次会议提出的"四个现代化"　　工业现代化

国防现代化

放事业、新独立国家建设事业和各国人民正义斗争，反对帝国主义、霸权主义、殖民主义、种族主义，彻底结束了旧中国的屈辱外交。党审时度势调整外交战略，推动恢复我国在联合国的一切合法权利，打开对外工作新局面，推动形成国际社会坚持一个中国原则的格局。党提出划分三个世界的战略，作出中国永远不称霸的庄严承诺，赢得国际社会特别是广大发展中国家尊重和赞誉。

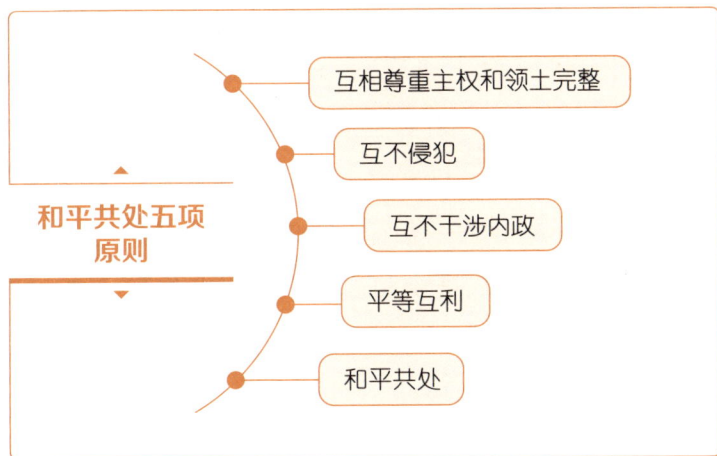

和平共处五项原则

- 互相尊重主权和领土完整
- 互不侵犯
- 互不干涉内政
- 平等互利
- 和平共处

1945 年联合国成立时，中国是创始会员国，也是联合国安理会五个常任理事国之一。中华人民共和国成立后，由于美国的阻挠，中华人民共和国在联合国的席位一直被台湾国民党当局所占据。围绕中国在联合国的席位问题，中国政府进行了长期不懈的斗争。1971 年10 月 25 日，在许多亚非拉国家和其他主持正义国家的共同努力下，第 26 届联合国大会以 76 票赞成、35 票反对、17 票弃权的压倒性多数，通过了恢复中华人民共和国在联合国的一切合法权利和立即把台湾当局的代表从联合国的一切机构中驱逐出去的第 2758 号决议。11月 1 日，中华人民共和国五星红旗第一次在联合国升起。11 月 15 日，

习近平（中共中央总书记、国家主席、中央军委主席）：中国人民始终维护联合国权威和地位，践行多边主义，中国同联合国合作日益深化。中国忠实履行联合国安理会常任理事国职责和使命，维护联合国宪章宗旨和原则，维护联合国在国际事务中的核心作用。中国积极倡导以和平方式政治解决争端，派出5万多人次参加联合国维和行动，已经成为第二大联合国会费国、第二大维和摊款国。中国率先实现联合国千年发展目标，带头落实2030年可持续发展议程，对世界减贫贡献超过70%。中国始终遵循联合国宪章和《世界人权宣言》精神，坚持把人权普遍性同中国实际结合起来，走出了一条符合时代潮流、具有中国特色的人权发展道路，为中国人权进步和国际人权事业作出了重大贡献。

中华人民共和国代表团首次出席联合国大会。中华人民共和国在联合国合法席位的恢复，是中国外交战线的一个重大胜利。

党充分预见到在全国执政面临的新挑战，早在解放战争取得全国胜利前夕召开的党的七届二中全会就向全党提出，务必继续保持谦虚、谨慎、不骄、不躁的作风，务必继续保持艰苦奋斗的作风。新中国成立后，党着重提出执政条件下党的建设的重大课题，从思想上组织上作风上加强党的建设、巩固党的领导。党加强干部理论学习和知识培训，提高党的领导水平，要求全党特别是党的高级干部增强维护党的团结统一的自觉性。党开展整风整党，加强党内教育，整顿基层党组织，提高党员条件，反对官僚主义、命令主义和贪污浪费。党高度警惕并着力防范党员干部腐化变质，坚决惩治腐败。这些重要举措，增强了党的纯洁性和全党的团结，密切了党同人民群众的联系，积累了执政党建设的初步经验。

新中国成立后，我们党高度警惕并着力防范党员干部腐化变质，坚决惩治腐败。1951年底，在全国范围内开展了反贪污、反浪费、反官僚主义的"三反"运动。同时，在党的领导下，分党政军三个系统成立各级增产节约检查委员会，由首长负责，亲自动手，采取自上而下和自下而上相结合的方法，通过检查贪污浪费现象，来开展这场斗争。其中，党中央果断处理了刘青山、张子善贪污案，在全党全社会引起极大震动，有效遏制了腐败现象滋长的势头。为加强对党员特别是对党的高级干部的监督，反对各种违法乱纪现象，1955年3月，党的全国代表会议决定成立党的中央和地方各级监察委员会，并选举产生了中央监察委员会。

社会主义革命和建设的历程

1949—1956年	1956—1966年	1966—1976年
从新民主主义向社会主义过渡时期	全面建设社会主义时期	"文化大革命"时期

遗憾的是，党的八大形成的正确路线未能完全坚持下去，先后出现"大跃进"运动、人民公社化运动等错误，反右派斗争也被严重扩大化。面对当时严峻复杂的外部环境，党极为关注社会主义政权巩固，为此进行了多方面努力。然而，毛泽东同志在关于社会主义社会阶级斗争的理论和实践上的错误发展得越来越严重，党中央未能及时纠正这些错误。毛泽东同志对当时我国阶级形势以及党和国家政治状况作出完全错误的估计，发动和领导了"文化大革命"，林彪、江青两个反革命集团利用毛泽东同志的错误，进行了大量祸国殃民的罪恶活动，

酿成十年内乱，使党、国家、人民遭到新中国成立以来最严重的挫折和损失，教训极其惨痛。1976年10月，中央政治局执行党和人民的意志，毅然粉碎了"四人帮"，结束了"文化大革命"这场灾难。

"文化大革命"是在探求中国自己的社会主义道路的历程中遭到的严重挫折。中国共产党依靠自己的力量，最终自己纠正了这一严重错误。历史再一次证明，中国共产党是勇于不断自我革命的马克思主义政党，有能力靠自己的力量纠正错误，中国共产党和社会主义制度具有强大的生命力。

二、社会主义革命和建设时期的
理论成果和历史成就

在这个时期，毛泽东同志提出把马克思列宁主义基本原理同中国具体实际进行"第二次结合"，以毛泽东同志为主要代表的中国共产党人，结合新的实际丰富和发展毛泽东思想，提出关于社会主义建设的一系列重要思想，包括社会主义社会是一个很长的历史阶段，严格区分和正确处理敌我矛盾和人民内部矛盾，正确处理我国社会主义建设的十大关系，走出一条适合我国国情的工业化道路，尊重价值规

毛泽东思想

是马克思主义中国化的第一次历史性飞跃

是马克思列宁主义在中国的创造性运用和发展，是被实践证明了的关于中国革命和建设的正确的理论原则和经验总结

毛泽东思想活的灵魂的三个基本方面

马克思主义的根本观点，中国共产党人认识世界、改造世界的根本要求，我们党思想路线的核心内容和党的基本思想方法、工作方法、领导方法

实事求是

群众路线

我们党的生命线和根本工作路线，我们党永葆青春活力和战斗力的重要传家宝

独立自主

我们党从中国实际出发、依靠党和人民力量进行革命、建设、改革的必然结论

律，在党与民主党派的关系上实行"长期共存、互相监督"的方针，在科学文化工作中实行"百花齐放、百家争鸣"的方针等。这些独创性理论成果至今仍有重要指导意义。

毛泽东思想是马克思列宁主义在中国的创造性运用和发展，是被实践证明了的关于中国革命和建设的正确的理论原则和经验总结，是马克思主义中国化的第一次历史性飞跃。毛泽东思想的活的灵魂是贯穿于各个组成部分的立场、观点、方法，体现为实事求是、群众路线、独立自主三个基本方面，为党和人民事业发展提供了科学指引。

习近平总书记在纪念毛泽东同志诞辰120周年座谈会上的讲话中明确指出："毛泽东思想教育了几代中国共产党人，它培养的大批骨干，不仅在新民主主义革命、社会主义革命、社会主义建设时期发挥了重要作用，也为新的历史时期开创和建设中国特色社会主义发挥了重要作用。"

实事求是，是马克思主义的根本观点，是中国共产党人认识世界、改造世界的根本要求，是我们党思想路线的核心内容和党的基本思想方法、工作方法、领导方法。不论过去、现在和将来，我们都要坚持一切从实际出发，理论联系实际，在实践中检验真理和发展真理。坚持实事求是，就要深入实际了解事物的本来面貌；就要清醒认识和正确把握我国仍处于并将长期处于社会主义初级阶段这个基本国情；就要坚持为了人民利益坚持真理、修正错误；就要不断推进实践基础上的理论创新。

群众路线是我们党的生命线和根本工作路线，是我们党永葆青春活力和战斗力的重要传家宝。不论过去、现在和将来，我们都要坚持一切为了群众，一切依靠群众，从群众中来，到群众中去，把党的正确主张变为群众的自觉行动，把群众路线贯彻到治国理政全部活动之中。坚持群众路线，就要坚持人民是决定我们前途命运的根本力量；就要坚持全心全意为人民服务的根本宗旨；就要保持党同人民群众的血肉联系；就要真正让人民来评判我们的工作。

延伸问答

问：为什么说党在社会主义革命和建设中取得的独创性理论成果为开创中国特色社会主义提供了理论准备？

答：以毛泽东同志为主要代表的中国共产党人在社会主义革命和建设中取得的独创性理论成果，系统回答了在一个半殖民地半封建的东方大国，如何实现新民主主义革命和社会主义革命的问题，对建设什么样的社会主义、怎样建设社会主义进行了艰辛探索，积累了在中国这样一个社会生产力水平十分落后的东方大国进行社会主义建设的重要经验，以创造性的内容为马克思主义思想宝库增添了新的财富。这些思想成果为党继续探索并系统形成中国特色社会主义理论体系提供了重要基础。

独立自主是我们党从中国实际出发、依靠党和人民力量进行革命、建设、改革的必然结论。不论过去、现在和将来，我们都要把国家和民族发展放在自己力量的基点上，坚持民族自尊心和自信心，坚定不移走自己的路。坚持独立自主，就要坚持中国的事情必须由中国人民自己作主张、自己来处理；就要坚定不移走中国特色社会主义道路，既不走封闭僵化的老路，也不走改旗易帜的邪路；就要坚持独立自主的和平外交政策，坚定不移走和平发展道路。

从新中国成立到改革开放前夕，党领导人民完成社会主义革命，消灭一切剥削制度，实现了中华民族有史以来最为广泛而深刻的社会

社会主义革命和建设时期的主要建设成就

▶ 国内生产总值

1952年仅为**679亿**元，1978年增加到**3679亿**元，居全球第**11**位

▶ 粮食产量

1949年粮食总产量**0.23万亿**斤

1978年粮食总产量**0.6万亿**斤

▶ 科技领域

"两弹一星"研制成功
第一艘核潜艇研制成功
第一台集成电路计算机研制成功
第一次回收发射的人造地球卫星成功
籼型杂交水稻培育成功
人工合成牛胰岛素等

▶ 工业领域

我国建立起独立的比较完整的工业体系
1949—1978年，我国工业总产值从**140亿**元增长至**4067亿**元，增长**28**倍

▶ 人民群众受教育水平、健康水平

	1949年	1978年
学龄儿童入学率	20%	94%
人均预期寿命	35岁	68岁
婴儿死亡率	200‰	41.02‰

数据来源：国家统计局网站

变革，实现了一穷二白、人口众多的东方大国大步迈进社会主义社会的伟大飞跃。在探索过程中，虽然经历了严重曲折，但党在社会主义革命和建设中取得的独创性理论成果和巨大成就，为在新的历史时期开创中国特色社会主义提供了宝贵经验、理论准备、物质基础。

这些理论成果和巨大成就主要包括：我们党领导人民在旧中国一穷二白的基础上，进行了中国历史上从来不曾有过的热气腾腾的社会主义建设，在不长的时间里，我国社会就发生了翻天覆地的变化，建立起独立的比较完整的工业体系和国民经济体系，独立研制出"两弹一星"，有效维护了国家主权和安全，成为在世界上有重要影响的大国，积累起在中国这样一个社会生产力水平十分落后的东方大国进行社会主义建设的重要经验。我们党努力探索符合中国国情的社会主义建设道路，逐步形成了一些十分重要的认识：提出把党和国家的工作重点转到社会主义建设和技术革命上来；提出走自己的路，探索适合中国国情的社会主义建设道路；提出社会主义社会的基本矛盾和主要矛盾，发展生产力是根本任务；提出社会主义现代化建设分两个步骤，进而提出中国社会主义的发展分两个阶段；提出社会主义社会还存在商品生产和商品交换，要尊重价值法则，大力发展商品生产；提出必须正确区分和处理敌我矛盾和人民内部矛盾；等等。

历史和现实已经证明，并将继续证明，只有社会主义才能救中国，只有社会主义才能发展中国，这是近代以来中国人民和中华民族在为实现中华民族伟大复兴斗争中得出的不可动摇的历史结论。历史昭示我们，只有中国共产党才能领导中国人民建立社会主义制度，只有社会主义才能发展中国，只有坚持中国特色社会主义道路才能实现中华民族伟大复兴。

第四讲

进行改革开放和社会主义现代化建设

一　改革开放和社会主义现代化建设新时期的主要任务、主要矛盾和伟大历程

二　改革开放和社会主义现代化建设新时期的理论成果和历史成就

改革开放和社会主义现代化建设新时期，是党的百年奋斗中为实现中华民族伟大复兴提供充满新的活力的体制保证和快速发展的物质条件的重要历史时期。这一时期，党团结带领人民解放思想、锐意进取，开创了中国特色社会主义的伟大事业。《决议》阐明了这一时期党面临的主要任务，强调了党的十一届三中全会的历史意义，总结了以邓小平同志、江泽民同志、胡锦涛同志为主要代表的中国共产党人作出的历史贡献，展现了波澜壮阔的历史画卷和举世瞩目的伟大成就。《决议》强调，这一时期党领导人民创造了伟大成就，实现了从高度集中的计划经济体制到充满活力的社会主义市场经济体制、从封闭半封闭到全方位开放的历史性转变，实现了从生产力相对落后的状况到经济总量跃居世界第二的历史性突破，实现了人民生活从温饱不足到总体小康、奔向全面小康的历史性跨越，推进了中华民族从站起来到富起来的伟大飞跃。中国共产党和中国人民以英勇顽强的奋斗向世界庄严宣告，改革开放是决定当代中国前途命运的关键一招，中国大踏步赶上了时代。

一、改革开放和社会主义现代化建设新时期的主要任务、主要矛盾和伟大历程

改革开放和社会主义现代化建设新时期，党面临的主要任务是，继续探索中国建设社会主义的正确道路，解放和发展社会生产力，使人民摆脱贫困、尽快富裕起来，为实现中华民族伟大复兴提供充满新的活力的体制保证和快速发展的物质条件。

"文化大革命"结束以后，在党和国家面临何去何从的重大历史关头，党深刻认识到，只有实行改革开放才是唯一出路，否则我们的现代化事业和社会主义事业就会被葬送。1978 年 12 月，党召开十一届三中全会，果断结束"以阶级斗争为纲"，实现党和国家工作中心

战略转移，开启了改革开放和社会主义现代化建设新时期，实现了新中国成立以来党的历史上具有深远意义的伟大转折。党作出彻底否定"文化大革命"的重大决策。40多年来，党始终不渝坚持这次全会确立的路线方针政策。

党的十一届三中全会，是在我们党和国家面临何去何从的十字路口召开的一次重要的会议，中国共产党人顺应时代潮流和人民愿望，以非凡的理论勇气和政治智慧，开辟了建设中国特色社会主义的新道路。全会毅然作出了改革开放这一决定当代中国命运的关键抉择，实现了党的历史上具有深远意义的伟大转折，开启了改革开放和社会主义现代化建设的历史新时期。

为了推进改革开放，党重新确立马克思主义的思想路线、政治路线、组织路线，彻底否定"两个凡是"的错误方针，正确评价毛泽东同志的历史地位和毛泽东思想的科学体系。党明确我国社会的主要矛盾是人民日益增长的物质文化需要同落后的社会生产之间的矛盾，解决这个主要矛盾就是我们的中心任务，提出小康社会的目标。党在各

深阅读

《关于建国以来党的若干历史问题的决议》的形成，表明我们党对自己包括领袖人物的失误和错误采取郑重的态度，敢于承认，正确分析，坚决纠正，从而使失误和错误连同党的成功经验一起成为宝贵财富。决议还对党的十一届三中全会以来逐步确立的适合我国情况的社会主义现代化建设正确道路的主要点，从十个方面作了概括，实质上初步提出了在中国建设什么样的社会主义和怎样建设社会主义的问题。

方面工作中恢复并制定一系列正确政策，调整国民经济。党领导全面开展思想、政治、组织等领域拨乱反正，大规模平反冤假错案和调整社会关系。党制定《关于建国以来党的若干历史问题的决议》，标志着党在指导思想上的拨乱反正胜利完成。

改革开放新时期，我国社会的主要矛盾是人民日益增长的物质文化需要同落后的社会生产之间的矛盾。这一论断符合当时我国发展实际和历史方位。从社会生产方面看，新中国成立以后，我国基本上建立起独立的比较完整的工业体系和国民经济体系，农业生产条件显著改善，教育、科学等事业有了很大的发展。但是，我国仍然是一个贫穷落后的农业国，人口多、底子薄，社会生产力相对比较落后。从社会需求方面看，新中国成立以后，城乡居民生活水平明显改善，但社会生产力相对落后，人民生活水平总体上仍然不高，1978 年仍有约 2.5 亿人口没有解决温饱问题，人民群众对于过上好日子、富日子有强烈的期盼和要求。

党的十二大、十三大、十四大、十五大、十六大、十七大，根据国际国内形势发展变化，从我国发展新要求出发，一以贯之对推进改革开放和社会主义现代化建设作出全面部署，并召开多次中央全会专题研究部署改革发展稳定重大工作。我国改革从农村实行家庭联产承包责任制率先突破，逐步转向城市经济体制改革并全面铺开，确立社会主义市场经济的改革方向，更大程度更广范围发挥市场在资源配置中的基础性作用，坚持和完善基本经济制度和分配制度。党坚决推进经济体制改革，同时进行政治、文化、社会等各领域体制改革，推进党的建设制度改革，不断形成和发展符合当代中国国情、充满生机活力的体制机制。党把对外开放确立为基本国策，从兴办深圳等经济特区、开发开放浦东、推动沿海沿边沿江沿线和内陆中心城市对外开放到加入世界贸易组织，从"引进来"到"走出去"，充分利用国际国内两个市场、两种资源。经过持续推进改革开放，我国实现了从高度集中的计划经济体制到充满活力的社会主义市场经济体制、从封闭半封闭到全方位开放的历史性转变。

我国经济体制的历史性转变

| 高度集中的计划经济体制 | 转变 | 充满活力的社会主义市场经济体制 |
| 封闭半封闭 | 转变 | 全方位开放 |

新中国成立后，我国借鉴苏联模式建立了高度集中的计划经济体制，其弊端就是经营管理过于集中，分配上存在严重平均主义倾向，不利于调动人民群众的积极性创造性，人民生活改善缓慢。党的十一届三中全会后，我国实行改革开放，正确认识和处理计划与市场的关系问题，突破了把计划经济同商品经济对立的传统观念，提出我国社会主义经济是"在公有制基础上的有计划的商品经济"；突破了把全民所有制同国家机构直接经营企业混为一谈的传统观念，提出所有权和经营权可以适当分开；明确提出我国经济体制改革的目标是"建立社会主义市场经济体制"；等等。经过持续推进改革开放，我国实现了从高度集中的计划经济体制到充满活力的社会主义市场经济体制的历史性转变，不断解放和发展社会生产力，推动我国社会主义制度自我完善和发展。

党的十一届三中全会确定了对外开放的基本国策，中国的大门迅速打开。首先试办深圳等经济特区，大力吸引利用外资、引进先进技

党的十二大至十七大对推进改革开放和
社会主义现代化建设作出的系列战略部署

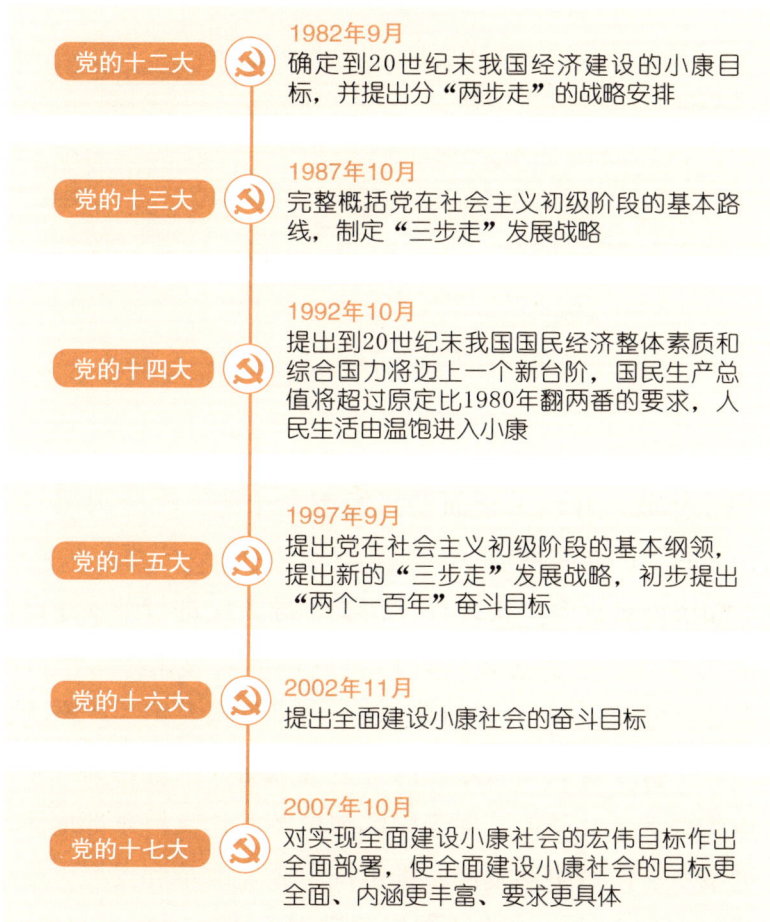

党的十二大
1982年9月
确定到20世纪末我国经济建设的小康目标，并提出分"两步走"的战略安排

党的十三大
1987年10月
完整概括党在社会主义初级阶段的基本路线，制定"三步走"发展战略

党的十四大
1992年10月
提出到20世纪末我国国民经济整体素质和综合国力将迈上一个新台阶，国民生产总值将超过原定比1980年翻两番的要求，人民生活由温饱进入小康

党的十五大
1997年9月
提出党在社会主义初级阶段的基本纲领，提出新的"三步走"发展战略，初步提出"两个一百年"奋斗目标

党的十六大
2002年11月
提出全面建设小康社会的奋斗目标

党的十七大
2007年10月
对实现全面建设小康社会的宏伟目标作出全面部署，使全面建设小康社会的目标更全面、内涵更丰富、要求更具体

术先进管理经验，发展劳动密集型出口加工业。1984年，进一步开放14个沿海港口城市，设立沿海经济开放区，初步形成多层次、有重点、点面结合的对外开放格局。以1992年邓小平南方谈话和党的十四大为标志，对外开放范围由沿海扩大到沿江、内陆和沿边，形成了全方位、多层次、宽领域的对外开放格局。以2001年加入世界贸易组织为标志，我国从单方面自主开放转变为与世贸组织成员在国际

全方位、多层次、宽领域对外开放格局的形成

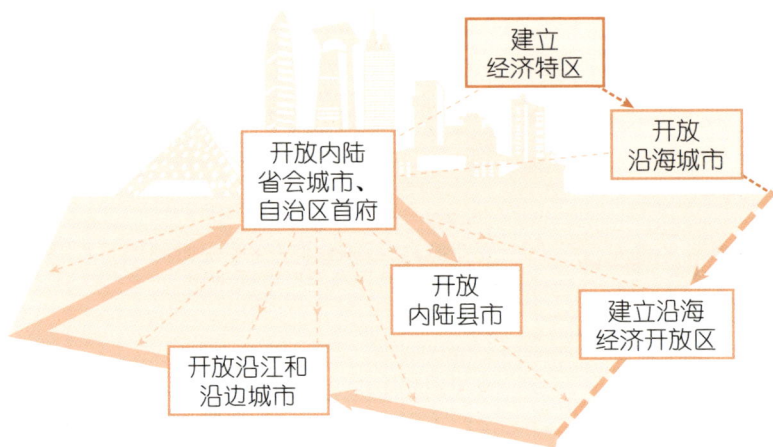

规则下相互开放，开启了全面参与经济全球化、充分利用"两个市场、两种资源"的新时期。

为了加快推进社会主义现代化，党领导人民进行经济建设、政治建设、文化建设、社会建设，取得一系列重大成就。党坚持以经济建设为中心，坚持发展是硬道理，提出科学技术是第一生产力，实施科教兴国、可持续发展、人才强国等重大战略，推进西部大开发，振兴东北地区等老工业基地，促进中部地区崛起，支持东部地区率先发展，促进城乡、区域协调发展，推进国有企业改革和发展，鼓励和支持发展非公有制经济，加快转变经济发展方式，加强生态环境保护，推动经济持续快速发展，综合国力大幅提升。党坚持党的领导、人民当家作主、依法治国有机统一，发展社会主义民主政治，建设社会主义政治文明，积极稳妥推进政治体制改革，坚持依法治国和以德治国相结合，制定新宪法，建设社会主义法治国家，形成中国特色社会主义法律体系，尊重和保障人权，巩固和发展最广泛的爱国统一战线。党加强理想信念教育，推进社会主义核心价值体系建设，建设社会主义精神文明，发展社会主义先进文化，推动社会主义文化大发展大繁荣。党加快推进以改善民生为重点的社会建设，改善人民生活，取消农业税，不断推进学有所教、劳有所得、病有所医、老有所养、住有所居，促进社会和谐稳定。党提出建设强大的现代化正规化革命军队的总目标，把军事斗争准备的基点放在打赢信息化条件下的局部战争上，推进中国特色军事变革，走中国特色精兵之路。

改革开放以后，我国文化事业发展迅速。党的十二届六中全会通过的《中共中央关于社会主义精神文明建设指导方针的决议》阐明了精神文明建设的战略地位、根本任务和基本指导方针，是新时期加强我国社会主义精神文明建设的纲领性文件。党的十六届六中全会后，社会主义核心价值体系融入国民教育和精神文明建设全过程，全社会广泛开展理想信念教育、爱国主义教育、国情和形势政策教育。党的十七届六中全会作出《中共中央关于深化文化体制改革、推动社会主义文化大发展大繁荣若干重大问题的决定》，提出坚持中国特色社会主义文化发展道路、努力建设社会主义文化强国的战略任务。文化产业崛起和发展成为文化体制改革的显著特征，到 2012 年，我国年出版图书品种、总量稳居世界第一位，成为世界第三大电影生产国、世界第一大电视剧生产国；文化创意、数字出版、移动多媒体、动漫游戏等新兴文化产业快速发展。

面对风云变幻的国际形势，党毫不动摇坚持四项基本原则，坚决排除各种干扰，从容应对关系我国改革发展稳定全局的一系列风险考验。20 世纪 80 年代末 90 年代初，苏联解体、东欧剧变。由于国际上反共反社会主义的敌对势力的支持和煽动，国际大气候和国内小气候导致 1989 年春夏之交我国发生严重政治风波。党和政府依靠人民，旗帜鲜明反对动乱，捍卫了社会主义国家政权，维护了人民根本利益。党领导人民成功应对亚洲金融危机、国际金融危机等经济风险，成功举办 2008 年北京奥运会、残奥会，战胜长江和嫩江、松花江流域严重洪涝、汶川特大地震等自然灾害，战胜非典疫情，彰显了党抵

坚持四项基本原则	坚持社会主义道路
	坚持人民民主专政
	坚持中国共产党的领导
	坚持马列主义毛泽东思想

御风险和驾驭复杂局面的能力。

党的十一届三中全会以后，我们党紧紧依靠全国各族人民，坚持党的基本路线不动摇，坚决捍卫中国特色社会主义事业，战胜了来自政治、经济领域和自然界前所未有的严峻考验和挑战，保证了改革开放和社会主义现代化建设事业始终沿着正确方向前进。

党把完成祖国统一大业作为历史重任，为此进行不懈努力。邓小平同志创造性提出"一个国家，两种制度"科学构想，开辟了以和平方式实现祖国统一的新途径。经过艰巨工作和斗争，我国政府相继对香港、澳门恢复行使主权，洗雪了中华民族百年耻辱。香港、澳门回归祖国后，中央政府严格按照宪法和特别行政区基本法办事，保持香港、澳门长期繁荣稳定。党把握解决台湾问题大局，确立"和平统一、一国两制"基本方针，推动两岸双方达成体现一个中国原则的"九二共识"，推进两岸协商谈判，实现全面直接双向"三通"，开启两岸政党交流。制定反分裂国家法，坚决遏制"台独"势力、促进祖国统一，有力挫败各种制造"两个中国"、"一中一台"、"台湾独立"的图谋。

1992年，海峡两岸关系协会与台湾海峡交流基金会就如何表述坚持一个中国原则的问题，达成"海峡两岸都坚持一个中国的原则，努力谋求国家的统一"的共识，后来被概括为"九二共识"。"九二共识"的核心是一个中国原则，即大陆和台湾同属一个中国，两岸关系不是国与国的关系、两岸应在一个中国的框架内进行平等协商。"九二共识"对于两岸建立基本互信、开展对话协商、改善和发展两岸关系，起了重要作用。无论形势如何变化，我们党始终把坚持"九二共识"作为同台湾当局和各政党交往的基础和条件。

党科学判断时代特征和国际形势，提出和平与发展是当今时代的主题。党坚持维护世界和平、促进共同发展的外交政策宗旨，调整同主要大国的关系，发展同周边国家的睦邻友好关系，深化同广大发展中国家的友好合作，积极参与国际和地区事务，建立起全方位多层次的对外关系新格局。党积极促进世界多极化和国际关系民主化，推动经济全球化朝着有利于共同繁荣的方向发展，旗帜鲜明反对霸权主义和强权政治，坚定维护广大发展中国家利益，推动建立公正合理的国际政治经济新秩序，促进世界持久和平、共同繁荣。

改革开放以来，我国坚持维护世界和平、促进共同发展的外交政策宗旨，推动构建全方位多层次对外关系新格局。一是调整同主要大国的关系。同美国、俄罗斯、法国、英国、日本及欧盟等建立了发展面向 21 世纪双边关系的基本框架。二是发展同周边国家的睦邻友好关系。维护周边地区和平稳定，促进共同发展。三是深化同广大发展中国家的友好合作。始终把发展和加强同发展中国家的友好合作关系作为外交工作的立足点，坚定维护广大发展中国家利益。四是积极参与国际和地区事务。积极参与多边外交和首脑外交，推动解决国际和地区热点问题，推动全球经济治理机制变革。

党始终强调，治国必先治党，治党务必从严，聚精会神抓好党的建设，开创和推进党的建设新的伟大工程。党制定关于党内政治生活的若干准则，健全民主集中制，发扬党内民主，实现党内政治生活正常化；有计划有步骤进行整党，着力解决党内思想不纯、作风不纯、组织不纯问题；按照革命化、年轻化、知识化、专业化方针加强干部队伍建设，大力选拔中青年干部，促进干部队伍新老交替。党围绕解决好提高党的领导水平和执政水平、提高拒腐防变和抵御风险能力这两大历史性课题，以执政能力建设和先进性建设为主线，先后就加强党同人民群众联系、加强和改进党的作风建设、加强党的执政能力建设等重大问题作出决定，组织开展"讲学习、讲政治、讲正气"教育、"三个代表"重要思想学习教育活动、保持共产党员先进性教育活动、学习实践科学发展观活动等集中性学习教育。党把党风廉政建设和反腐败斗争提高到关系党和国家生死存亡的高度，推进惩治和预防腐败体系建设。

改革开放以来，以邓小平同志为主要代表的中国共产党人开创了党的建设新的伟大工程。以江泽民同志、胡锦涛同志为主要代表的中国共产党人按照党的建设新的伟大工程的总目标，即把党建设成为用建设有中国特色社会主义理论武装起来、全心全意为人民服务、思想上政治上组织上完全巩固、能够经受住各种风险、始终走在时代前列的马克思主义政党，强调治国必先治党、治党务必从严，从思想上、组织上、作风上、制度上、反腐倡廉上抓好党的建设，不断提高党的领导水平和执政水平，不断增强拒腐防变和抵御风险的能力；不断加强党的先进性建设，提高党的建设科学化水平，继续推进党的建设新的伟大工程。

党的十五大至十八大前开展的党内集中性学习教育

1998年至2000年底	2001年至2002年	2005年至2006年	2008年至2010年
"讲学习、讲政治、讲正气"教育	"三个代表"重要思想学习教育活动	保持共产党员先进性教育活动	学习实践科学发展观活动

二、改革开放和社会主义现代化建设新时期的
理论成果和历史成就

党的十一届三中全会以后，以邓小平同志为主要代表的中国共产党人，团结带领全党全国各族人民，深刻总结新中国成立以来正反两方面经验，围绕什么是社会主义、怎样建设社会主义这一根本问题，借鉴世界社会主义历史经验，创立了邓小平理论，解放思想，实事求是，作出把党和国家工作中心转移到经济建设上来、实行改革开放的历史性决策，深刻揭示社会主义本质，确立社会主义初级阶段基本路线，明确提出走自己的路、建设中国特色社会主义，科学回答了建设中国特色社会主义的一系列基本问题，制定了到 21 世纪中叶分三步走、基本实现社会主义现代化的发展战略，成功开创了中国特色社会主义。

邓小平理论是在和平与发展成为时代主题的历史条件下，在我国

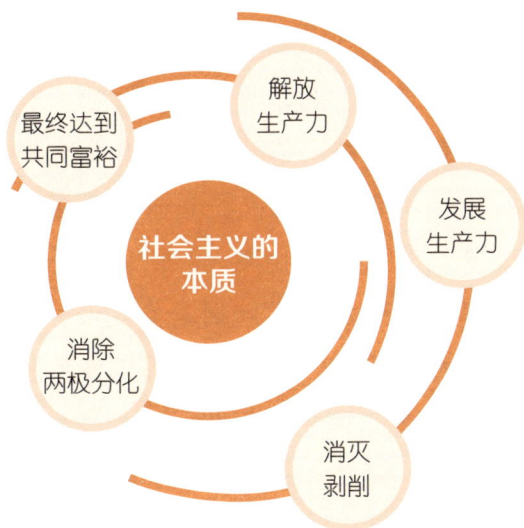

解放
生产力

最终达到
共同富裕

发展
生产力

社会主义的
本质

消除
两极分化

消灭
剥削

改革开放和社会主义现代化建设的伟大实践中，在总结新中国成立后我国社会主义建设挫折教训和世界其他国家兴衰成败历史经验的基础上，把马克思主义基本原理同中国具体实际相结合，推进马克思主义中国化、时代化、大众化的重大理论成果，开拓了马克思主义的新境界，实现了马克思主义在中国发展的新的历史性飞跃。在邓小平理论指导下，我们党围绕什么是马克思主义、怎样坚持马克思主义，什么是社会主义、怎样建设社会主义等重大理论和实践问题，形成了社会主义初级阶段的基本路线和一系列方针政策，确立了以经济建设为中心的指导思想，实现了由以政治革命为中心到以经济建设为中心的转变，成为中国特色社会主义理论体系的奠基之石。

党的十三届四中全会以后，以江泽民同志为主要代表的中国共产党人，团结带领全党全国各族人民，坚持党的基本理论、基本路线，加深了对什么是社会主义、怎样建设社会主义和建设什么样的党、怎

权威声音

习近平（中共中央总书记、国家主席、中央军委主席）：邓小平同志最鲜明的思想和实践特点，就是从实际出发、从世界大势出发、从国情出发，始终坚持我们党一贯倡导的实事求是、群众路线、独立自主。中国特色社会主义是适合中国国情、符合中国特点、顺应时代发展要求的理论和实践，所以才能取得成功，并将继续取得成功。邓小平同志说："特别是像我们这样第三世界的发展中国家，没有民族自尊心，不珍惜自己民族的独立，国家是立不起来的。"我们的国权，我们的国格，我们的民族自尊心，我们的民族独立，关键是道路、理论、制度的独立。

样建设党的认识，形成了"三个代表"重要思想，在国内外形势十分复杂、世界社会主义出现严重曲折的严峻考验面前捍卫了中国特色社会主义，确立了社会主义市场经济体制的改革目标和基本框架，确立了社会主义初级阶段公有制为主体、多种所有制经济共同发展的基本经济制度和按劳分配为主体、多种分配方式并存的分配制度，开创全面改革开放新局面，推进党的建设新的伟大工程，成功把中国特色社会主义推向21世纪。

"三个代表"重要思想是在科学判断党的历史方位的基础上提出来的，是对马克思列宁主义、毛泽东思想和邓小平理论的继承和发展，反映了当代世界和中国的发展变化对党和国家工作的新要求，是加强和改进党的建设、推进社会主义制度自我完善和发展的强大理论武器，是全党集体智慧的结晶。党的十六大对"三个代表"重要思想的科学内涵和根本要求作了全面阐述，指出贯彻"三个代表"重要思想，关键在坚持与时俱进，核心在坚持党的先进性，本质在坚持执政为民。始终做到"三个代表"，是我们党的立党之本、执政之基、力量之源。

党的十六大以后，以胡锦涛同志为主要代表的中国共产党人，团结带领全党全国各族人民，在全面建设小康社会进程中推进实践创新、理论创新、制度创新，深刻认识和回答了新形势下实现什么样的发展、怎样发展等重大问题，形成了科学发展观，抓住重要战略机遇期，聚精会神搞建设，一心一意谋发展，强调坚持以人为本、全面协调可持续发展，着力保障和改善民生，促进社会公平正义，推进党的执政能力建设和先进性建设，成功在新形势下坚持和发展了中国特色社会主义。

科学发展观是马克思主义同当代中国实际和时代特征相结合的产物，是马克思主义关于发展的世界观和方法论的集中体现，开辟了当代中国马克思主义发展新境界。科学发展观是中国特色社会主义理论体系的重要组成部分，是中国共产党集体智慧的结晶，是指导党和国家全部工作的强大思想武器。党的十八大把科学发展观正式确立为党的指导思想。深入贯彻落实科学发展观，对坚持和发展中国特色社会主义具有重大现实意义和深远历史意义，必须把科学发展观贯彻到我国现代化建设全过程、体现到党的建设各方面。

党深刻认识到，开创改革开放和社会主义现代化建设新局面，必须以理论创新引领事业发展。邓小平同志指出，一个党，一个国家，一个民族，如果一切从本本出发，思想僵化，迷信盛行，那它就不能前进，它的生机就停止了，就要亡党亡国。党领导和支持开展真理标准问题大讨论，从新的实践和时代特征出发坚持和发展马克思主义，科学回答了建设中国特色社会主义的发展道路、发展阶段、根本任务、发展动力、发展战略、政治保证、祖国统一、外交和国际战略、领导力量和依靠力量等一系列基本问题，形成中国特色社会主义理论体系，实现了马克思主义中国化新的飞跃。

中国特色社会主义理论体系，就是包括邓小平理论、"三个代表"重要思想、科学发展观在内的科学理论体系。这个理论体系，坚持和发展了马克思列宁主义、毛泽东思想，凝结了几代中国共产党人带领人民不懈探索实践的智慧和心血，是马克思主义中国化的重大成果。中国特色社会主义理论体系是党在领导改革开放和社会主义现代化建设的伟大实践中逐步形成的。

改革开放40周年之际，党中央隆重举行庆祝大会，习近平总书

改革开放和社会主义现代化建设新时期的理论成果

邓小平理论　　"三个代表"重要思想　　科学发展观

记发表重要讲话，全面总结 40 年改革开放取得的伟大成就和宝贵经验，强调改革开放是党的一次伟大觉醒，是中国人民和中华民族发展史上一次伟大革命，发出将改革开放进行到底的伟大号召。改革开放和社会主义现代化建设的伟大成就举世瞩目，我国实现了从生产力相对落后的状况到经济总量跃居世界第二的历史性突破，实现了人民生活从温饱不足到总体小康、奔向全面小康的历史性跨越，推进了中华民族从站起来到富起来的伟大飞跃。

中国特色社会主义理论体系

　　● 实现了马克思主义中国化新的飞跃

　　● 科学回答了建设中国特色社会主义的发展道路、发展阶段、根本任务、发展动力、发展战略、政治保证、祖国统一、外交和国际战略、领导力量和依靠力量等一系列基本问题

　　习近平总书记在庆祝改革开放 40 周年大会上的讲话中指出，改革开放 40 年积累的宝贵经验是党和人民弥足珍贵的精神财富，对新时代坚持和发展中国特色社会主义有着极为重要的指导意义，必须倍加珍惜、长期坚持，在实践中不断丰富和发展。习近平总书记所指出的宝贵经验指的是"九个必须坚持"：必须坚持党对一切工作的领导，不断加强和改善党的领导；必须坚持以人民为中心，不断实现人民对美好生活的向往；必须坚持马克思主义指导地位，不断推进实践基础上的理论创新；必须坚持走中国特色社会主义道路，不断坚持和发展中国特色社会主义；必须坚持完善和发展中国特色社会主义制度，不断发挥和增强我国制度优势；必须坚持以发展为第一要务，不断增强我国综合国力；必须坚持扩大开放，不断推动共建人类命运共同体；必须坚持全面从严治党，不断提高党的创造力、凝聚力、战斗力；必

改革开放使中华民族实现了从站起来到富起来的伟大飞跃

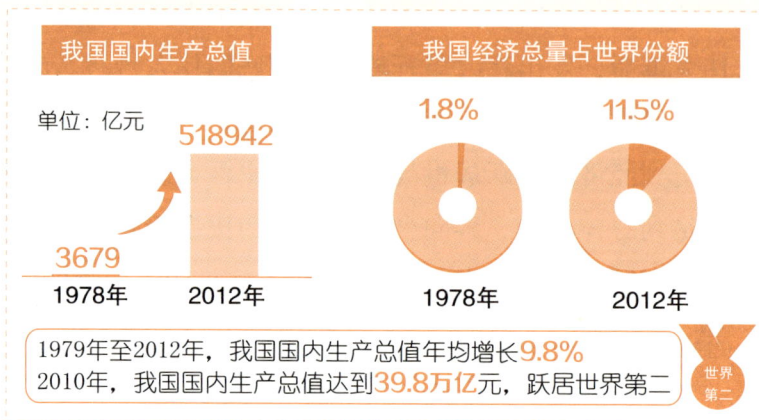

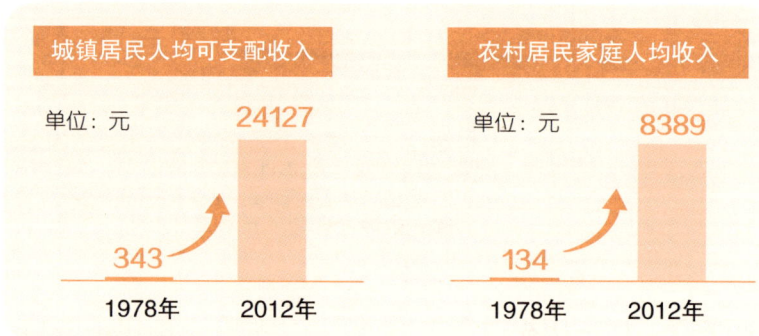

我国国内生产总值

单位：亿元

518942

3679

1978年　2012年

我国经济总量占世界份额

1.8%

11.5%

1978年　2012年

1979年至2012年，我国国内生产总值年均增长**9.8%**
2010年，我国国内生产总值达到**39.8万亿**元，跃居世界第二

世界
第二

城镇居民人均可支配收入

单位：元

24127

343

1978年　2012年

农村居民家庭人均收入

单位：元

8389

134

1978年　2012年

数据来源：国家统计局网站

须坚持辩证唯物主义和历史唯物主义世界观和方法论，正确处理改革发展稳定关系。

中国共产党和中国人民以英勇顽强的奋斗向世界庄严宣告，改革开放是决定当代中国前途命运的关键一招，中国特色社会主义道路是指引中国发展繁荣的正确道路，中国大踏步赶上了时代。

第五讲

开创中国特色社会主义新时代

中国特色社会主义新时代，是党的十八大以来中国发展新的历史方位，是为实现中华民族伟大复兴提供更为完善的制度保证、更为坚实的物质基础、更为主动的精神力量的重要历史时期。《决议》阐述了这一时期党面临的主要任务，以"十个明确"概括习近平新时代中国特色社会主义思想的核心内容，从13个方面总结概括新时代党和国家事业取得的历史性成就、发生的历史性变革，重点总结9年来的原创性思想、变革性实践、突破性进展、标志性成果。

一、新时代的主要任务和基本内涵

党的十八大以来，中国特色社会主义进入新时代。党面临的主要任务是，实现第一个百年奋斗目标，开启实现第二个百年奋斗目标新征程，朝着实现中华民族伟大复兴的宏伟目标继续前进。

以习近平同志为核心的党中央统筹把握中华民族伟大复兴战略全局和世界百年未有之大变局，强调中国特色社会主义新时代是承前启后、继往开来、在新的历史条件下继续夺取中国特色社会主义伟大胜利的时代，是决胜全面建成小康社会、进而全面建设社会主义现代化强国的时代，是全国各族人民团结奋斗、不断创造美好生活、逐步实现全体人民共同富裕的时代，是全体中华儿女勠力同心、奋力实现中华民族伟大复兴中国梦的时代，是我国不断为人类作出更大贡献的时代。中国特色社会主义新时代是我国发展新的历史方位。

明确中国特色社会主义进入新时代，这是我们党在科学把握世情国情党情深刻变化的基础上，作出的一项关系全局的重大战略考量，进一步彰显了我们党与时代共同进步的先进性本色，体现了我们党把握历史规律和历史趋势的高度自觉和高度自信。

从发展阶段看，党的十八大以来，改革开放和社会主义现代化建

中国特色社会主义新时代	是承前启后、继往开来、在新的历史条件下继续夺取中国特色社会主义伟大胜利的时代
	是决胜全面建成小康社会、进而全面建设社会主义现代化强国的时代
	是全国各族人民团结奋斗、不断创造美好生活、逐步实现全体人民共同富裕的时代
	是全体中华儿女勠力同心、奋力实现中华民族伟大复兴中国梦的时代
	是我国不断为人类作出更大贡献的时代

设取得历史性成就，我国发展站到了新的历史起点上，中国特色社会主义进入新的发展阶段。党的理论创新实现了新飞跃，发展理念和发展方式有重大转变。从社会主要矛盾看，我国社会主要矛盾已经由人民日益增长的物质文化需要同落后的社会生产之间的矛盾，转化为人民日益增长的美好生活需要和不平衡不充分的发展之间的矛盾。这一重大历史性变化，对发展全局产生了广泛而深刻的影响。从奋斗目标看，党的十九大到二十大是"两个一百年"奋斗目标的历史交汇期，我们要在全面建成小康社会、实现第一个百年奋斗目标的基础上，开启全面建设社会主义现代化国家新征程，向第二个百年奋斗目标进军。从国际地位看，当代中国正处在从大国走向强国的关键时期，已不再是国际秩序的被动接受者，而是积极的参与者、建设者、引领者。

新时代不是别的什么新时代，而是中国特色社会主义新时代。这个新时代，既同改革开放以来的发展历程一脉相承，又体现了很多与时俱进的新特征，内涵丰富、意蕴深远。

新时代，是承前启后、继往开来、在新的历史条件下继续夺取中国特色社会主义伟大胜利的时代，是决胜全面建成小康社会、进而全面建设社会主义现代化强国的时代。党的十九大作出在全面建成小康社会的基础上，分两步走在本世纪中叶全面建成社会主义现代化强国的战略安排。在新时代，要坚忍不拔、锲而不舍，统筹推进"五位一体"总体布局，协调推进"四个全面"战略布局，在全面建成小康社会的基础上，谱写全面建设社会主义现代化国家新篇章。

新时代，是全国各族人民团结奋斗、不断创造美好生活、逐步实现全体人民共同富裕的时代。带领人民创造美好生活、实现共同富裕，是我们党矢志不渝的奋斗目标。在新时代，要时刻不忘初心，始终把实现好、维护好、发展好最广大人民根本利益作为最高标准，着力在实现全体人民共同富裕上取得实实在在的新进展。

新时代，是全体中华儿女勠力同心、奋力实现中华民族伟大复兴中国梦的时代。实现中华民族伟大复兴，是中国共产党百年奋斗的伟

权威评论

陈晋（中共中央党史和文献研究院原院务委员）：中国特色社会主义进入新时代，使中国的发展站到一个更高层级的历史方位上。从这个历史方位往前看，新时代的内涵，在国家层面是决胜全面建成小康社会、进而全面建设社会主义现代化国家；在人民层面是不断创造美好生活、逐步实现全体人民共同富裕；在中华民族层面是奋力实现中华民族伟大复兴；在中国和世界的关系层面是中国日益走近世界舞台中央、不断为人类作出更大贡献。显然，这些内涵和使命是紧扣中国梦包括的国家富强、民族振兴、人民幸福具体目标来说的。也就是说，新时代是通过努力奋斗更真切地贴近实现中国梦的时代。

大主题。新中国的成立，为民族复兴奠定坚实基础。改革开放新的伟大革命，为民族复兴注入强大生机活力。在新时代，只要凝聚起全体中华儿女同心共筑中国梦的磅礴力量，牢记使命、奋发有为、砥砺前行，就一定能够到达民族复兴的光辉彼岸。

新时代，是我国日益走近世界舞台中央、不断为人类作出更大贡献的时代。在新时代，中国与世界的关系发生深刻变化，我国同国际社会的互联互动空前紧密，成为促进世界和平与发展的强大力量。必须统筹国内国际两个大局，坚持和平发展道路，推动构建人类命运共同体。

二、习近平新时代中国特色社会主义思想的核心内容

以习近平同志为主要代表的中国共产党人，坚持把马克思主义基本原理同中国具体实际相结合、同中华优秀传统文化相结合，坚持毛泽东思想、邓小平理论、"三个代表"重要思想、科学发展观，深刻总结并充分运用党成立以来的历史经验，从新的实际出发，创立了习近平新时代中国特色社会主义思想。

时代是思想之母。习近平新时代中国特色社会主义思想，运用马克思主义立场观点方法，聚焦新的时代命题，凝结新的思想精华，总结开创性独创性的实践经验，以崭新的思想内容丰富和发展了马克思主义，形成了一个系统全面、逻辑严密、内涵丰富、内在统一的科学理论体系。

习近平新时代中国特色社会主义思想，包括新时代坚持和发展中国特色社会主义的总目标、总任务、总体布局、战略布局和发展方向、发展方式、发展动力、战略步骤、外部条件、政治保证等基本问题，

习近平新时代中国特色社会主义思想，深深植根于中华文化的沃土之中，深刻汲取博大精深的中华优秀传统文化所蕴含的丰富哲学思想、人文精神、道德理念，是对中华优秀传统文化进行创造性转化、创新性发展的典范。这一重要思想深刻反映中华民族自古以来的梦想和追求，特别是实现中华民族伟大复兴这一近代以来最伟大的梦想，凝结着中国人民的伟大创造精神、伟大奋斗精神、伟大团结精神、伟大梦想精神，具有强大的历史穿透力、文化感染力和精神感召力，有效激活了中华优秀传统文化的生命力，使马克思主义在中国大地焕发出新的勃勃生机。

思想内容十分丰富，涵盖改革发展稳定、内政外交国防、治党治国治军等各个领域、各个方面，贯通马克思主义哲学、政治经济学、科学社会主义，体现了中国特色社会主义道路、理论、制度、文化的内在统一，反映了中国特色社会主义理论逻辑、历史逻辑、实践逻辑的有机统一。《决议》用"十个明确"概括了这一重大思想的核心内容。这是党对中国特色社会主义建设规律认识深化和理论创新的重大成果。

（一）明确中国特色社会主义最本质的特征是中国共产党领导，中国特色社会主义制度的最大优势是中国共产党领导，中国共产党是最高政治领导力量，全党必须增强"四个意识"、坚定"四个自信"、做到"两个维护"

中国共产党是中国特色社会主义事业的坚强领导核心。党的十九大将"中国特色社会主义最本质的特征是中国共产党领导，中国特色社会主义制度的最大优势是中国共产党领导，党是最高政治领导力量"

确立为习近平新时代中国特色社会主义思想的重要内容，同时把这一重大政治原则写入党章，把"坚持党对一切工作的领导"作为新时代坚持和发展中国特色社会主义的基本方略。这是我们党在坚持和发展中国特色社会主义中最根本的经验总结，是道路自信、理论自信、制度自信、文化自信的集中体现。2018 年 3 月，十三届全国人大一次会议通过《中华人民共和国宪法修正案》，在序言确定党的领导地位的基础上，又在总纲中明确规定中国共产党领导是中国特色社会主义最本质的特征，强化了党总揽全局、协调各方的领导地位。宪法以根本法的形式确立党的领导地位，反映的是中国最大的国情，有利于在全体人民中强化党的领导意识，有效地把党的领导落实到国家工作的全过程和各方面，确保党和国家事业始终沿着正确方向前进。

党的领导地位

◆ 党政军民学，东西南北中，**党是领导一切的**

◆ 中国特色社会主义最本质的特征是**中国共产党领导**，中国特色社会主义制度的最大优势是**中国共产党领导**，**党是最高政治领导力量**

（二）明确坚持和发展中国特色社会主义，总任务是实现社会主义现代化和中华民族伟大复兴，在全面建成小康社会的基础上，分两步走在本世纪中叶建成富强民主文明和谐美丽的社会主义现代化强国，以中国式现代化推进中华民族伟大复兴

党的十八大报告提出，建设中国特色社会主义，总任务是实现社

会主义现代化和中华民族伟大复兴。实现现代化是近代以来中国人民不懈的追求，实现中华民族伟大复兴是近代以来中华民族最伟大的梦想。社会主义现代化是中华民族伟大复兴的核心内容，中华民族伟大复兴是社会主义现代化的形象表达。党的十九大报告提出，从2020年到本世纪中叶实现现代化，分两个阶段来安排。第一个阶段，从2020年到2035年，在全面建成小康社会的基础上，再奋斗15年，基本实现社会主义现代化；第二个阶段，从2035年到本世纪中叶，在基本实现现代化的基础上，再奋斗15年，把我国建成富强民主文明和谐美丽的社会主义现代化强国。我们党坚持和发展中国特色社会主义，推动物质文明、政治文明、精神文明、社会文明、生态文明协调发展，创造了中国式现代化新道路，创造了人类文明新形态，推进了中华民族伟大复兴的历史进程。

（三）明确新时代我国社会主要矛盾是人民日益增长的美好生活需要和不平衡不充分的发展之间的矛盾，必须坚持以人民为中心的发展思想，发展全过程人民民主，推动人的全面发展、全体人民共同富裕取得更为明显的实质性进展

新时代我国社会主要矛盾的转化是关系全局的历史性变化，对党和国家工作提出了许多新要求。中国共产党是为人民奋斗的政党，始终把人民放在第一位，坚持尊重社会发展规律和尊重人民历史主体地位的一致性，坚持为崇高理想奋斗和为最广大人民谋利益的一致性，坚持完成党的各项工作和实现人民利益的一致性，不断把为人民造福事业推向前进。进入新发展阶段，我们党将在更高水平上增进民生福祉，不断实现人民对美好生活的向往。

（四）明确中国特色社会主义事业总体布局是经济建设、政治建设、文化建设、社会建设、生态文明建设五位一体，战略布局是全面建设社会主义现代化国家、全面深化改革、全面依法治国、全面从严治党四个全面

中国特色社会主义进入新时代，以习近平同志为核心的党中央总揽全局，科学决策，坚持统筹推进"五位一体"总体布局，推动中国特色社会主义事业全面发展、全面进步。党的十八大以来，以习近平同志核心的党中央从坚持和发展中国特色社会主义全局出发，提出并形成了全面建成小康社会、全面深化改革、全面依法治国、全面从严治党的"四个全面"战略布局。随着我国全面建成小康社会，"全面建设社会主义现代化国家"取代"全面建成小康社会"。"四个全面"战略布局，是党在新时代把握我国发展新特征确定的治国理政新方略，抓住了党和国家事业发展中根本性、全局性、紧迫性的重大问题，擘画了推进改革开放和现代化建设的顶层设计，集中体现了党和国家事业长远发展的战略目标和举措，标志着党对中国特色社会主义建设规律的把握达到了一个前所未有的新高度。

（五）明确全面深化改革总目标是完善和发展中国特色社会主义制度、推进国家治理体系和治理能力现代化

全面深化改革是"四个全面"战略布局中具有突破性和先导性的关键环节。党的十八大以来，以习近平同志为核心的党中央推进全面深化改革，改革呈现全面发力、多点突破、蹄疾步稳、纵深推进的态势。全面深化改革总目标的提出，体现了以习近平同志为核心的党中央宏阔深邃的历史视野、高瞻远瞩的战略眼光、坚定自信的使命担当。

全面深化改革是一个复杂的系统工程，需要建立更高层面的领导机制。早在 2013 年 12 月，中央成立习近平任组长的中央全面深化改革领导小组（2018 年 3 月改为中央全面深化改革委员会），负责改革总体设计、统筹协调、整体推进、督促落实。这充分体现了党中央对改革的高度重视，充分表明了党中央的改革决心，有利于发挥党总揽

1. 坚持和完善基本经济制度
2. 加快完善现代市场体系
3. 加快转变政府职能
4. 深化财税体制改革
5. 健全城乡发展一体化体制机制
6. 构建开放型经济新体制
7. 加强社会主义民主政治制度建设
8. 推进法治中国建设
9. 强化权力运行制约和监督体系
10. 推进文化体制机制创新
11. 推进社会事业改革创新
12. 创新社会治理体制
13. 加快生态文明制度建设
14. 深化国防和军队改革
15. 加强和改善党对全面深化改革的领导

党的十八届三中全会对全面深化改革作出总体部署

全局、协调各方的领导核心作用，有利于确保改革的系统性、整体性、协同性，有利于保证全面深化改革的各项任务和各个环节落到实处。

（六）明确全面推进依法治国总目标是建设中国特色社会主义法治体系、建设社会主义法治国家

全面依法治国是中国特色社会主义的本质要求和重要保障。党的十八大以来，以习近平同志为核心的党中央从坚持和发展中国特色社会主义的全局和战略高度定位法治、布局法治、厉行法治，创造性提出了关于全面依法治国的一系列新理念新思想新战略，形成了习近平法治思想，明确了全面依法治国的指导思想、发展道路、工作布局、重点任务，实现了中国特色社会主义法治理论的重大突破、重大创新、重大发展。习近平总书记深刻指出："全面推进依法治国总目标是建设中国特色社会主义法治体系、建设社会主义法治国家。"这一总目标的提出，对全面推进依法治国具有举旗定向、纲举目张的重大意义。在习近平法治思想指引下，党领导人民推进全面依法治国，坚

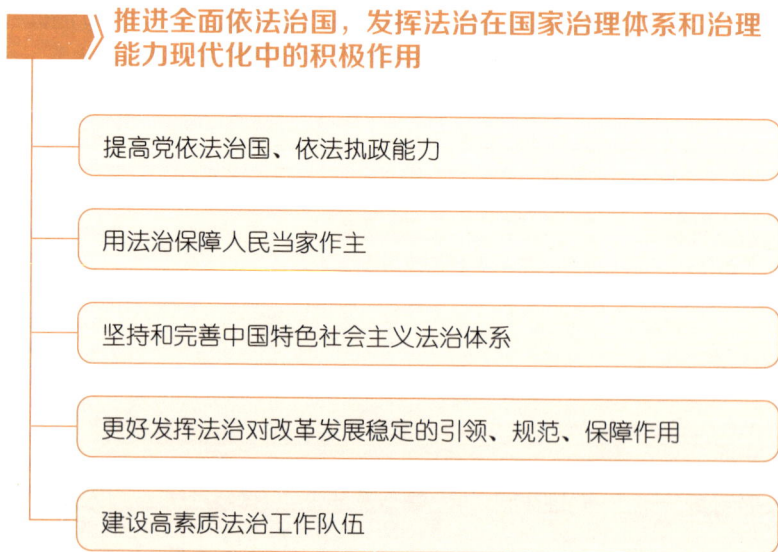

> **推进全面依法治国，发挥法治在国家治理体系和治理能力现代化中的积极作用**
>
> - 提高党依法治国、依法执政能力
> - 用法治保障人民当家作主
> - 坚持和完善中国特色社会主义法治体系
> - 更好发挥法治对改革发展稳定的引领、规范、保障作用
> - 建设高素质法治工作队伍

王晨（中共中央政治局委员,全国人大常委会副委员长、党组副书记）：习近平法治思想是习近平新时代中国特色社会主义思想的重要组成部分，系统回答了新时代为什么实行全面依法治国、怎样实行全面依法治国等一系列重大问题，实现了马克思主义法治理论中国化的新发展新飞跃……习近平法治思想为推进新时代全面依法治国和法治中国建设提供了科学理论指导、行动指南和根本遵循。我们要深入学习贯彻习近平法治思想，自觉用习近平法治思想武装头脑、指导实践、推动工作，谱写新时代全面依法治国新篇章。

定不移走中国特色社会主义法治道路，在法治轨道上推进国家治理体系和治理能力现代化，为全面建设社会主义现代化国家、实现中华民族伟大复兴的中国梦提供有力法治保障。

（七）明确必须坚持和完善社会主义基本经济制度，使市场在资源配置中起决定性作用，更好发挥政府作用，把握新发展阶段，贯彻创新、协调、绿色、开放、共享的新发展理念，加快构建以国内大循环为主体、国内国际双循环相互促进的新发展格局，推动高质量发展，统筹发展和安全

2013年11月，党的十八届三中全会对全面深化改革作出全面规划和部署，强调经济体制改革的核心问题是处理好政府和市场的关系，使市场在资源配置中起决定性作用，更好发挥政府作用，实现了理论上的重大突破和实践上的重大创新，为深化经济体制改革指明了方向。党的十八大以来，我国经济体制改革全方位推进，在一些关键

性、基础性改革上取得突破性进展。通过改革进一步健全市场机制，破除垄断，发挥价格机制作用，进一步激发市场主体活力，发挥政府行政经济调节、市场监管、社会管理、公共服务、生态环境保护中的作用，增强国有经济活力、控制力、影响力和抗风险能力，激发非公有制经济活力和创造力，为经济发展注入了强大动力。

第一，准确把握新发展阶段。我国正站在新的历史起点上，全面建成小康社会的第一个百年奋斗目标如期实现，进入全面建设社会主义现代化国家的新发展阶段。新发展阶段是实现第二个百年奋斗目标、把民族复兴伟业推向新境界的阶段，是社会主义初级阶段中的一个阶段，同时是其中经过几十年积累、站到了新的起点上的一个阶段，是我们党带领人民迎来从站起来、富起来到强起来历史性跨越的新阶段。全面建设社会主义现代化国家、基本实现社会主义现代化，既是社会主义初级阶段我国发展的要求，也是我国社会主义从初级阶段向更高阶段迈进的要求。

第二，全面贯彻新发展理念。新发展阶段，必须完整、准确、全

权威评论

刘鹤（中共中央政治局委员、国务院副总理）：习近平总书记指出，要坚持创新在我国现代化建设全局中的核心地位。党中央把创新的重要性提升到前所未有的高度。创新驱动是高质量发展的一个定义性特征，高质量发展就是创新作为第一动力的发展，只有创新驱动才能推动我国经济从外延式扩张上升为内涵式发展。我们必须充分认识到，由于世情国情发生深刻变化，科技创新对中国来说不仅是发展问题，更是生存问题。成功跨越中等收入陷阱，关键在于能否实现由要素投入驱动向技术创新驱动的跨越。

面贯彻创新、协调、绿色、开放、共享的新发展理念，实现高质量发展。新发展理念是一个系统的理论体系，回答了关于发展的目的、动力、方式、路径等一系列理论和实践问题，阐明了中国共产党关于发展的政治立场、价值导向、发展模式、发展道路等重大政治问题。必须把新发展理念作为指挥棒、红绿灯，贯穿发展全过程和各领域，切实转变发展方式，推动质量变革、效率变革、动力变革，实现更高质量、更有效率、更加公平、更可持续、更为安全的发展。必须更加注重共同富裕问题。党的十九届五中全会提出了"全体人民共同富裕取得更为明显的实质性进展"的目标，突出强调了"扎实推动共同富裕"，这在党的全会历史上还是第一次。我们要始终把满足人民对美好生活的新期待作为发展的出发点和落脚点，在实现现代化过程中不断地、逐步地解决好共同富裕问题。要自觉主动解决地区差距、城乡差距、收入差距等问题，坚持在发展中保障和改善民生，统筹做好就业、收入分配、教育、社保、医疗、住房、养老、扶幼等各方面工作，更加注重向农村、基层、欠发达地区倾斜，向困难群众倾斜，促进社会公平正义，让发展成果更多更公平惠及全体人民。

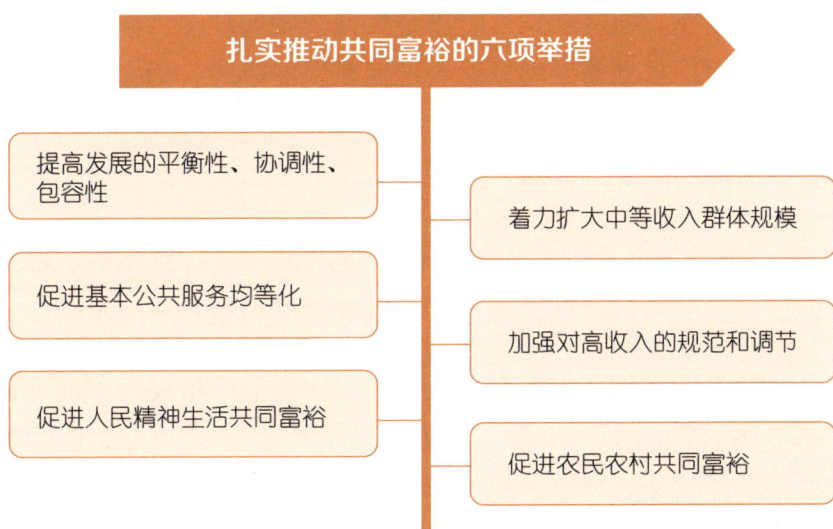

扎实推动共同富裕的六项举措

提高发展的平衡性、协调性、包容性

着力扩大中等收入群体规模

促进基本公共服务均等化

加强对高收入的规范和调节

促进人民精神生活共同富裕

促进农民农村共同富裕

第三，加快构建新发展格局。构建新发展格局，是适应我国经济发展阶段变化的主动选择，是我国经济现代化的路径选择，是关系我国发展全局的重大战略任务，是于变局中开新局、塑造全面建设社会主义现代化新优势的重大战略。这是把握未来发展主动权的战略性布局和先手棋，是新发展阶段要着力推动完成的重大历史任务，也是贯彻新发展理念的重大举措。构建新发展格局是开放的国内国际双循环，不是封闭的国内单循环，要通过发挥内需潜力，使国内市场和国际市场更好联通，以国内大循环吸引全球资源要素，更好利用国内国际两个市场、两种资源，提高在全球配置资源能力，更好争取开放发展中的战略主动，形成参与国际经济合作和竞争新优势。构建新发展格局是以全国统一大市场基础上的国内大循环为主体，不是各地都搞自我小循环。构建新发展格局关键在于经济循环的畅通无阻，最本质的特征是实现高水平的自立自强。

进入新发展阶段、贯彻新发展理念、构建新发展格局，是由我国经济社会发展的理论逻辑、历史逻辑、现实逻辑决定的，三者紧密关联。进入新发展阶段明确了我国发展的历史方位，贯彻新发展理念明确了我国现代化建设的指导原则，构建新发展格局明确了我国经济现代化的路径选择。把握新发展阶段是贯彻新发展理念、构建新发展格局的现实依据，贯彻新发展理念为把握新发展阶段、构建新发展格局提供了行动指南，构建新发展格局则是应对新发展阶段机遇和挑战、贯彻新发展理念的战略选择。

（八）明确党在新时代的强军目标是建设一支听党指挥、能打胜仗、作风优良的人民军队，把人民军队建设成为世界一流军队

当今世界正经历百年未有之大变局，国际战略格局深刻演变，国际军事竞争日趋激烈，中国正处在由大向强发展的关键阶段。强国必须强军，军强才能国安。习近平主席从实现中华民族伟大复兴的战略高度，敏锐把握世界新军事革命发展动向，统筹谋划新时代国防和军队现代化建设的一系列重大问题。2012 年 12 月，他在会见驻广州部队师以上领导干部时，首次提出"强军梦"，指出，强国梦，对于军队来讲，也是强军梦。我们要实现中华民族伟大复兴，要坚持富国和强军相统一，建设巩固国防和强大军队。实现强军梦，必须明确回答新时代建设一支什么样的强大人民军队、怎样建设强大人民军队这个问题。2012 年底，习近平主席在中央军委扩大会议上提出，为建设一支听党指挥、能打胜仗、作风优良的人民军队而奋斗。2013 年 3 月，在参加十二届全国人大一次会议解放军代表团全体会议时，他明确指出，建设一支听党指挥、能打胜仗、作风优良的人民军队，是党在新形势下的强军目标。2016 年 2 月，习近平主席在中央军委扩大会议上进一步提出了实现强军目标、建设世界一流军队的要求。

在强军目标中，听党指挥是灵魂，决定军队建设的政治方向；能打胜仗是核心，反映军队的根本职能和军队建设的根本指向；作风优良是保证，关系军队的性质、宗旨、本色。强军目标明确了加强军队建设的聚焦点和着力点，体现了坚持党的建军原则、军队根本职能、特有政治优势的高度统一，是党中央从全局上对国防和军队建设作出的战略规划和顶层设计，是党在新时代建军治军的总方略。

（九）明确中国特色大国外交要服务民族复兴、促进人类进步，推动建设新型国际关系，推动构建人类命运共同体

21 世纪的第三个十年，世界多极化、经济全球化、社会信息化、文化多样化将深入发展，新兴市场国家和发展中国家将快速崛起，国际力量对比更趋均衡，全球治理体系深刻重塑，国际格局加速演变，世界处于大变革大调整之中。中国与世界的关系发生深刻变化，前所未有地走近世界舞台中央，与世界的互联互动空前紧密，中华民族

伟大复兴进入了关键时期。世界与中国的发展变化同步交织、相互激荡，中国外交站在了新的历史起点上。面对世界百年未有之大变局，党中央精心谋划我国外交工作，强调必须统筹国内国际两个大局，完善外交总体布局，全方位推进大国、周边、发展中国家、多边外交和各领域外交工作，为全面建成小康社会争取良好的国际环境。2014年11月，习近平总书记在中央外事工作会议上明确提出了推进中国特色大国外交的战略思想。他指出，中国必须有自己特色的大国外交。我们要在总结实践经验的基础上，丰富和发展对外工作理念，使我国对外工作有鲜明的中国特色、中国风格、中国气派。党中央全面推进中国特色大国外交，全方位外交布局深入展开：倡导构建人类命运共同体，实施共建"一带一路"倡议，发起创办亚洲基础设施投资银行，设立丝路基金，举办"一带一路"国际合作高峰论坛等多场多边会议，促进全球治理体系变革。我国国际影响力、感召力、塑造力

中国特色大国外交

习近平总书记关于中国特色大国外交重要论述

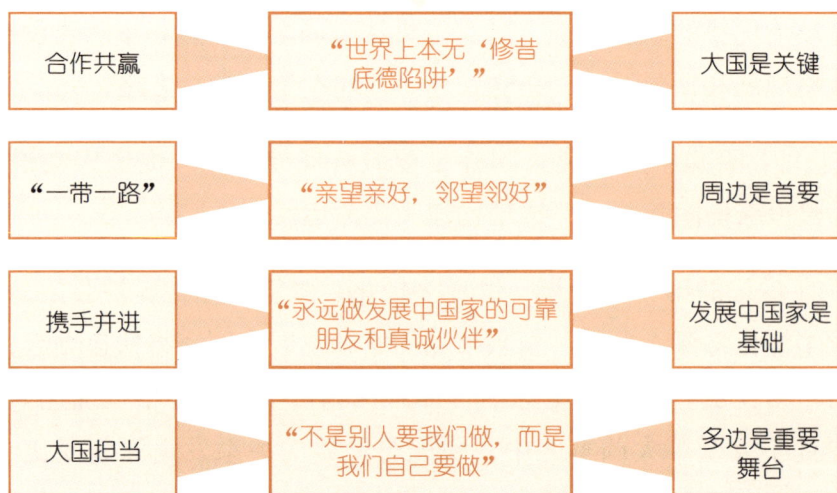

合作共赢	"世界上本无'修昔底德陷阱'"	大国是关键
"一带一路"	"亲望亲好，邻望邻好"	周边是首要
携手并进	"永远做发展中国家的可靠朋友和真诚伙伴"	发展中国家是基础
大国担当	"不是别人要我们做，而是我们自己要做"	多边是重要舞台

进一步提高，塑造了中国外交独特风范，走出了一条中国特色大国外交新路，为实现中华民族伟大复兴的中国梦营造了良好外部环境，为世界和平与发展作出了新的重大贡献。

在世界百年未有之大变局的演化过程中，人类面临许多共同的风险和挑战。霸权主义、强权政治和新干涉主义有所上升，保护主义、单边主义不断抬头，战乱恐袭、饥荒疫情此伏彼现，传统安全和非传统安全问题复杂交织，世界充满不确定性。人们对人类的未来感到担忧，希望有新的智慧提供新的解决方案。2013 年 3 月，习近平主席在莫斯科国际关系学院发表演讲，倡导构建人类命运共同体。之后在一系列重大国际场合，习近平主席对构建人类命运共同体理念进行了深入阐述。构建人类命运共同体理念集中了中华优秀传统文化智慧，体现了全人类共同的愿望和追求，反映了世界各国人民对和平、发展、繁荣向往的必然趋势，成为引领时代潮流和人类文明进步的鲜

权威评论

王毅（国务委员兼外交部部长）：推动构建人类命运共同体是习近平总书记在庆祝中国共产党成立 100 周年大会重要讲话中作出的"九个必须"战略部署之一，是我们开展中国特色大国外交的总目标。党的十九届六中全会指出，构建人类命运共同体成为引领时代潮流和人类前进方向的鲜明旗帜。要以更加远大的目光、更加开阔的胸襟、更加从容的气度，主动参与谋划国际事务。坚定维护《联合国宪章》的宗旨和原则，推动全球治理体系的改革和建设。遵循国际关系基本准则，捍卫国际公平正义，反对冷战思维和零和博弈，抵制霸权主义和强权政治。弘扬践行真正的多边主义，为构建人类命运共同体凝聚更大共识，汇聚更大力量。

明旗帜，是为解决人类面临的各种复杂问题贡献的中国智慧和中国方案，得到国际社会的广泛认同。2017年3月，"构建人类命运共同体"被写入联合国安理会第2344号决议。

（十）明确全面从严治党的战略方针，提出新时代党的建设总要求，全面推进党的政治建设、思想建设、组织建设、作风建设、纪律建设，把制度建设贯穿其中，深入推进反腐败斗争，落实管党治党政治责任，以伟大自我革命引领伟大社会革命

全面从严治党是"四个全面"战略布局的根本保证，是党的十八大以来党中央抓党的建设的鲜明主题。习近平总书记指出，新的历史条件下，我们要更好进行具有许多新的历史特点的伟大斗争、推进中国特色社会主义伟大事业，就必须以更大力度推进党的建设新的伟大工程，坚定不移推进全面从严治党，切实把党建设好、管理好。全面

🔊 权威评论

赵乐际（中共中央政治局常委、中央纪委书记）：《决议》用"十个明确"精辟概括习近平新时代中国特色社会主义思想丰富内涵，将"以伟大自我革命引领伟大社会革命"作为重要内容，深刻揭示自我革命和社会革命相伴相随、互促共进的辩证关系，充分体现中国共产党人在改造客观世界的同时自觉改造主观世界，从而更好改造客观世界的历史主动……习近平总书记关于以伟大自我革命引领伟大社会革命的战略思想，继承发展马克思主义建党学说，深刻总结党的历史经验特别是新时代全面从严治党实践经验，彰显了中国共产党人的初心使命、政治担当、历史自觉，具有深刻思想内涵和重大时代价值。

从严治党永远在路上，不能有任何喘口气、歇歇脚的念头。必须始终保持思想上的冷静清醒、增强行动上的勇毅执着，坚定全面从严治党的政治自觉，不断推动全面从严治党向纵深发展。

新时代党的建设总要求是：坚持和加强党的全面领导，坚持党要管党、全面从严治党，以加强党的长期执政能力建设、先进性和纯洁性建设为主线，以党的政治建设为统领，以坚定理想信念宗旨为根基，以调动全党积极性、主动性、创造性为着力点，全面推进党的政治建设、思想建设、组织建设、作风建设、纪律建设，把制度建设贯穿其中，深入推进反腐败斗争，不断提高党的建设质量，把党建设成为始终走在时代前列、人民衷心拥护、勇于自我革命、经得起各种风浪考验、朝气蓬勃的马克思主义执政党。

新时代党的建设的重点任务包括：把党的政治建设摆在首位，用习近平新时代中国特色社会主义思想武装全党，建设高素质专业化干部队伍，加强基层组织建设，持之以恒正风肃纪，反腐败斗争取得压倒性胜利并全面巩固，健全党和国家监督体系，全面增强执政本领。

三、习近平新时代中国特色社会主义思想实现了马克思主义中国化新的飞跃

习近平同志对关系新时代党和国家事业发展的一系列重大理论和实践问题进行了深邃思考和科学判断，就新时代坚持和发展什么样的中国特色社会主义、怎样坚持和发展中国特色社会主义，建设什么样的社会主义现代化强国、怎样建设社会主义现代化强国，建设什么样的长期执政的马克思主义政党、怎样建设长期执政的马克思主义政党等重大时代课题，提出一系列原创性的治国理政新理念新思想新战略，是习近平新时代中国特色社会主义思想的主要创立者。习近平新

习近平新时代中国特色社会主义思想

- 实现了马克思主义中国化新的飞跃

- 就新时代坚持和发展什么样的中国特色社会主义、怎样坚持和发展中国特色社会主义，建设什么样的社会主义现代化强国、怎样建设社会主义现代化强国，建设什么样的长期执政的马克思主义政党、怎样建设长期执政的马克思主义政党等重大时代课题，提出一系列原创性的治国理政新理念新思想新战略，其核心内容可概括为"十个明确"

- 是当代中国马克思主义、21世纪马克思主义，是中华文化和中国精神的时代精华

时代中国特色社会主义思想是当代中国马克思主义、21世纪马克思主义，是中华文化和中国精神的时代精华，实现了马克思主义中国化新的飞跃。

习近平新时代中国特色社会主义思想一以贯之坚持马克思主义，在当代中国、在21世纪的世界高高举起了马克思主义的光辉旗帜。马克思主义深刻揭示了自然界、人类社会和人类思维发展的普遍规律，是指导人类社会发展进步的科学真理。尽管今天我们所处的时代同马克思所处的时代相比发生了巨大而深刻的变化，但我们依然处在马克思主义所指明的历史时代。习近平新时代中国特色社会主义思

习近平新时代中国特色社会主义思想的深远意义

| 开辟了马克思主义新境界 | 开辟了中国特色社会主义新境界 | 开辟了治国理政新境界 | 开辟了管党治党新境界 |

想，始终坚持以马克思主义基本原理为指导，始终坚持解放思想、实事求是、与时俱进这一马克思主义活的灵魂，始终坚持把马克思主义作为我们党和国家的指导思想，强调对马克思主义的信仰、对社会主义和共产主义的信念，是共产党人的政治灵魂，是共产党人经受住任何考验的精神支柱。习近平新时代中国特色社会主义思想，集中体现了马克思主义鲜明的理论品格和精神实质，充分彰显了当代中国共产党人强大的政治定力和理论自信。

习近平新时代中国特色社会主义思想为发展马克思主义作出了原创性贡献。这一思想是不断发展的开放的理论，是在理论与实践相结合的基础上不断与时俱进的科学理论，在指导新时代伟大社会革命和伟大自我革命的历史进程中，随着中国特色社会主义伟大实践的深入推进而持续发展、不断丰富、更加完善。实践永无止境，理论创新也永无止境，习近平新时代中国特色社会主义思想作为当代中国马克思主义、21世纪马克思主义，必然随着时代的变化和实践的发展不断实现创新发展。

权威评论

黄坤明（中共中央政治局委员、中央书记处书记、中央宣传部部长）：习近平新时代中国特色社会主义思想是坚定自觉坚持和发展马克思主义的典范，是坚持"两个结合"、勇于推进理论创新的产物，赋予马克思主义鲜明的实践特色、民族特色、时代特色，是当代中国马克思主义、二十一世纪马克思主义……这一思想是在坚定推进具有许多新的历史特点的伟大斗争中，在中华民族迎来从站起来、富起来到强起来的伟大飞跃中形成并不断丰富发展的科学理论。

四、"两个确立"的历史意义

党确立习近平同志党中央的核心、全党的核心地位，确立习近平新时代中国特色社会主义思想的指导地位，反映了全党全军全国各族人民共同心愿，对新时代党和国家事业发展、对推进中华民族伟大复兴历史进程具有决定性意义。

坚强的领导核心和科学的理论指导，是关乎党和国家前途命运、党和人民事业成败的根本性问题。党的十八大以来，党和国家事业取得历史性成就、发生历史性变革，根本在于有以习近平同志为核心的党中央领航掌舵，有习近平新时代中国特色社会主义思想指引航向。"两个确立"，符合全党全军全国各族人民的共同愿望，同时也具有充分的理论依据。

第一，确立习近平同志党中央的核心、全党的核心地位是时代呼唤、历史选择、民心所向。中国共产党是拥有 9500 多万名党员的大党，中国是拥有 56 个民族和 14 亿多人口的大国，只有有了党中央这个核心，才能凝聚在一起，才能获得成功。党的百年历史实践证明，

"两个确立"

确立习近平同志党
中央的核心、全党
的核心地位

确立习近平新时代
中国特色社会主义
思想的指导地位

党必须有一个正确的坚强的领导核心。在把毛泽东同志确立为党的核心之前，我们党的事业屡受挫折，其中一个根本原因就是没有形成一个成熟的稳定的领导核心。党的十八大以来，在治国理政新实践中，习近平总书记作为党、国家和军队的最高领导人，展现出坚定信仰信念、鲜明人民立场、非凡政治智慧、顽强意志品质、强烈历史担当、高超政治艺术，赢得了全党全军全国各族人民衷心拥护，受到了国际社会高度赞誉。他把握时代大趋势，回答实践新要求，顺应人民新期待，提出一系列重大思想观点，进一步丰富和发展了党的科学理论，

权威评论

辛鸣［中共中央党校（国家行政学院）教授］：伟大复兴要有坚强领导核心的引领，要有科学理论的指导。党的十九届六中全会明确提出"两个确立"，这是中华民族伟大复兴的重要政治保障和思想保证，也充分体现了中国共产党作为马克思主义政党对遵循政党建设规律、担当政党历史使命的高度自觉……习近平总书记成为全党拥护、人民爱戴、当之无愧的党的领袖，是在引领伟大时代、领导伟大斗争的实践中形成的……习近平新时代中国特色社会主义思想指导地位的确立，为增进全党全国各族人民团结统一提供了坚实思想基础，让中华民族伟大复兴有了思想旗帜，有了理论武装，有了锐利武器。更加激发出了蕴藏在中国人民身上巨大的精神主动和前进的磅礴力量，更加激发出全党统一思想、统一意志、统一行动的自觉与坚定。在以习近平同志为核心的党中央坚强有力领导下，在习近平新时代中国特色社会主义思想指引下，中国共产党、中国人民和中华民族必将在新时代新征程上赢得更加伟大的胜利和荣光！

为在新的历史起点上实现新的奋斗目标提供了基本遵循。在新的斗争实践中，习近平同志已经成为党中央的核心、全党的核心。实践证明，选择习近平同志为党中央的核心、全党的核心，是正确的，体现了全党全国人民的共同意愿，是来之不易的，需要我们倍加珍惜、坚决拥护和衷心爱戴。

第二，确立习近平新时代中国特色社会主义思想的指导地位是历史的必然要求。只有具有科学理论指导的政党，才能掌握真理的力量；只有具有科学理论指导的事业，才能奔向光明的前途。我们党100年来不断从胜利走向胜利的最根本原因，就在于坚持把马克思主义基本原理同中国具体实际相结合，不断推进理论创新，并用马克思主义中国化的最新成果指导实践。习近平新时代中国特色社会主义思想，是当代中国马克思主义的最新成果，是21世纪马克思主义的最新发展，为党带领中国人民实现民族复兴的伟业提供了最新的科学理论指导。确立习近平新时代中国特色社会主义思想的指导地位，我们党才能在中华民族伟大复兴战略全局和世界百年未有之大变局中，始终坚持正确的前进方向，带领全国各族人民不断开辟中华民族伟大复兴的光明前景。

五、新时代党和国家事业取得的历史性成就

改革开放以后，党和国家事业取得重大成就，为新时代发展中国特色社会主义事业奠定了坚实基础、创造了有利条件。同时，党清醒认识到，外部环境变化带来许多新的风险挑战，国内改革发展稳定面临不少长期没有解决的深层次矛盾和问题以及新出现的一些矛盾和问题，管党治党一度宽松软带来党内消极腐败现象蔓延、政治生态出现严重问题，党群干群关系受到损害，党的创造力、凝聚力、战斗力受

到削弱，党治国理政面临重大考验。

以习近平同志为核心的党中央，以伟大的历史主动精神、巨大的政治勇气、强烈的责任担当，统筹国内国际两个大局，贯彻党的基本理论、基本路线、基本方略，统揽伟大斗争、伟大工程、伟大事业、伟大梦想，坚持稳中求进工作总基调，出台一系列重大方针政策，推出一系列重大举措，推进一系列重大工作，战胜一系列重大风险挑战，解决了许多长期想解决而没有解决的难题，办成了许多过去想办而没有办成的大事，推动党和国家事业取得历史性成就、发生历史性变革。

《决议》从13个方面分领域总结新时代党领导人民取得的重大成就，重点总结9年来的原创性思想、变革性实践、突破性进展、标志性成果。

新时代党和国家事业取得的历史性成就

1. 在坚持党的全面领导上
2. 在全面从严治党上
3. 在经济建设上
4. 在全面深化改革开放上
5. 在政治建设上
6. 在全面依法治国上
7. 在文化建设上
8. 在社会建设上
9. 在生态文明建设上
10. 在国防和军队建设上
11. 在维护国家安全上
12. 在坚持"一国两制"和推进祖国统一上
13. 在外交工作上

（一）在坚持党的全面领导上

改革开放以后，党为加强和改善党的领导进行持续努力，为党和国家事业发展提供了根本政治保证。同时，党内也存在不少对坚持党的领导认识模糊、行动乏力问题，存在不少落实党的领导弱化、虚化、淡化、边缘化问题，特别是对党中央重大决策部署执行不力，有的搞上有政策、下有对策，甚至口是心非、擅自行事。以习近平同志为核心的党中央旗帜鲜明提出，党的领导是党和国家的根本所在、命脉所在，是全国各族人民的利益所系、命运所系，全党必须自觉在思想上政治上行动上同党中央保持高度一致，提高科学执政、民主执政、依法执政水平，提高把方向、谋大局、定政策、促改革的能力，确保充分发挥党总揽全局、协调各方的领导核心作用。

中国特色社会主义进入新时代，党的领导全面加强，"两个维护"成为全党在革命性锻造中形成的共同意志，成为党的十八大以来我们

权威声音

习近平（中共中央总书记、国家主席、中央军委主席）：实现中华民族伟大复兴，必须坚持中国共产党领导。办好中国的事情，关键在党……如果没有中国共产党领导，完成民族独立和解放的任务就可能拖得更久、付出的代价更大，我们的国家更不可能取得今天这样的发展成就、更不可能具有今天这样的国际地位。坚持党的全面领导，是国家和民族兴旺发达的根本所在，是全国各族人民幸福安康的根本所在。我们要聚精会神抓好党的建设，使我们党越来越成熟、越来越纯洁、越来越强大、越来越有战斗力。全国各党派、各团体、各民族、各阶层、各界人士要紧密团结在党中央周围，万众一心向前进。

党最宝贵的重大政治成果。针对一段时期以来党内存在不少落实党的领导弱化、虚化、淡化、边缘化问题，以习近平同志为核心的党中央旗帜鲜明提出，中国共产党领导是中国特色社会主义最本质的特征，是中国特色社会主义制度的最大优势；坚持和加强党的全面领导，首先要维护党中央权威和集中统一领导，全党必须自觉增强"四个意识"、坚定"四个自信"、做到"两个维护"。党坚持唯物史观和正确党史观，正确认识改革开放前和改革开放后党的历史，旗帜鲜明反对历史虚无主义，坚决维护习近平同志党中央的核心、全党的核心地位。习近平总书记在纪念毛泽东同志诞辰 120 周年座谈会上的讲话和在纪念邓小平同志诞辰 110 周年座谈会上的讲话中，分别高度评价了毛泽东同志、邓小平同志的历史功绩，明确提出了评价历史人物和革命领袖的历史唯物主义方法论原则，坚决防止在重大问题上犯颠覆性错误。党的十八大以来，以习近平同志为核心的党中央，健全党总揽全局、协调各方的领导制度体系，强化"两个维护"的制度保障，深化党和国家机构改革，建立健全党中央对重大工作的领导体制，完善推动党中央重大决策落实机制；强化政治监督，深化政治巡视，严明党的政治纪律和政治规矩，推动营造风清气正的良好政治生态。坚决查处周永康、薄熙来、孙政才、令计划等严重违纪违法案件，清除了党内政治隐患。这些根本性、开创性、重塑性的重大举措，都全面加强了党的领导，有力维护了党的领导核心和党中央权威。

党明确提出，党的领导是全面的、系统的、整体的，保证党的团结统一是党的生命；党中央集中统一领导是党的领导的最高原则，加强和维护党中央集中统一领导是全党共同的政治责任，坚持党的领导首先要旗帜鲜明讲政治，保证全党服从中央。

中国共产党的领导是中国特色社会主义最本质的特征，是中国特色社会主义制度的最大优势。党政军民学，东西南北中，党是领导一切的。党章写入这一重大政治原则，有利于增强全党的意识，实现全党思想上统一、政治上团结、行动上一致，提高党的创造力、凝聚力、战斗力，确保党总揽全局、协调各方，为做好党和国家各项工作提供了根本政治保证。

党的领导是"全面的、系统的、整体的"，意味着在范围上要党的领导更加广泛，而且也必须是全面的、系统的、整体的，而不是片面的、局部的，哪个领域、哪个方面、哪个环节、哪个部门都不应该弱化党的领导力量。

党的十八届六中全会通过关于新形势下党内政治生活的若干准则，党中央出台中央政治局加强和维护党中央集中统一领导的若干规定，严明党的政治纪律和政治规矩，防止和反对个人主义、分散主义、自由主义、本位主义、好人主义等，发展积极健康的党内政治文化，推动营造风清气正的良好政治生态。党中央要求党的领导干部提高政治判断力、政治领悟力、政治执行力，胸怀"国之大者"，对党

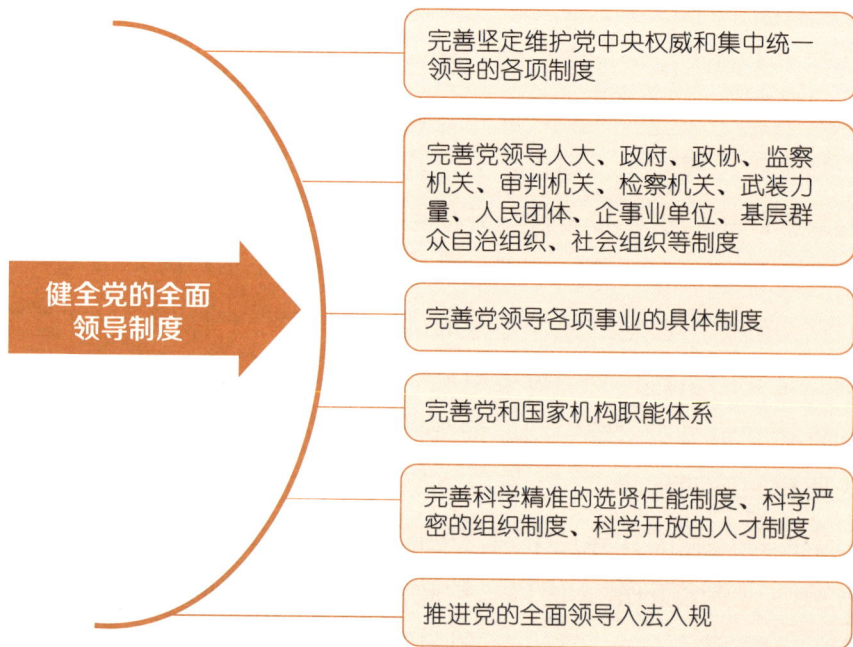

健全党的全面领导制度
- 完善坚定维护党中央权威和集中统一领导的各项制度
- 完善党领导人大、政府、政协、监察机关、审判机关、检察机关、武装力量、人民团体、企事业单位、基层群众自治组织、社会组织等制度
- 完善党领导各项事业的具体制度
- 完善党和国家机构职能体系
- 完善科学精准的选贤任能制度、科学严密的组织制度、科学开放的人才制度
- 推进党的全面领导入法入规

忠诚、听党指挥、为党尽责。党健全党的领导制度体系，完善党领导人大、政府、政协、监察机关、审判机关、检察机关、武装力量、人民团体、企事业单位、基层群众性自治组织、社会组织等制度，确保党在各种组织中发挥领导作用。党坚持民主集中制，建立健全党对重大工作的领导体制，强化党中央决策议事协调机构职能作用，完善推动党中央重大决策落实机制，严格执行向党中央请示报告制度，强化政治监督，深化政治巡视，查处违背党的路线方针政策、破坏党的集中统一领导问题，清除"两面人"，保证全党在政治立场、政治方向、政治原则、政治道路上同党中央保持高度一致。

深阅读

　　党的十八大以来，以习近平同志为核心的党中央把加强和维护党中央权威和集中统一领导作为党的政治建设的首要任务，不断完善坚持党的领导的体制机制，大力严明党的政治纪律和政治规矩，相继制定或修订了《关于新形势下党内政治生活的若干准则》《中国共产党党内监督条例》《中共中央政治局关于加强和维护党中央集中统一领导的若干规定》《中国共产党重大事项请示报告条例》《中国共产党党组工作条例》等，从制度上保证党的领导全覆盖和中央集中统一领导更加坚强有力。同时，以习近平同志为核心的党中央还作出一系列重大制度性安排，比如，中央书记处和中央纪律检查委员会、全国人大常委会党组、国务院党组、全国政协党组、最高人民法院党组、最高人民检察院党组每年向中央政治局常委会、中央政治局报告工作，中央政治局同志每年向党中央和习近平总书记书面述职，健全一系列中央决策议事协调机构工作机制等。

《决议》对党的十八大以来完善党的领导制度体系一系列措施进行了详细介绍，坚持新时代党的领导制度体系的进一步坚持和完善，使党的领导制度体系全面系统、科学规范、运行有效，更加成熟、更加定型、更加丰富，全党的制度执行能力不断提升，党的创造力、凝聚力、战斗力不断增强，使我们党在新时代更好地承担起光荣而艰巨的历史使命，为全面实现第二个百年奋斗目标和中华民族伟大复兴中国梦提供有力的制度保障和坚强的政治保证。

党的十八大以来，党中央权威和集中统一领导得到有力保证，党的领导制度体系不断完善，党的领导方式更加科学，全党思想上更加统一、政治上更加团结、行动上更加一致，党的政治领导力、思想引领力、群众组织力、社会号召力显著增强。

（二）在全面从严治党上

改革开放以后，党坚持党要管党、从严治党，推进党的建设取得明显成效。同时，由于一度出现管党不力、治党不严问题，有些党员、干部政治信仰出现严重危机，一些地方和部门选人用人风气不正，形式主义、官僚主义、享乐主义和奢靡之风盛行，特权思想和特权现象较为普遍存在。特别是搞任人唯亲、排斥异己的有之，搞团团伙伙、拉帮结派的有之，搞匿名诬告、制造谣言的有之，搞收买人心、拉动选票的有之，搞封官许愿、弹冠相庆的有之，搞自行其是、阳奉阴违的有之，搞尾大不掉、妄议中央的也有之，政治问题和经济问题相互交织，贪腐程度触目惊心。这"七个有之"问题严重影响党的形象和威信，严重损害党群干群关系，引起广大党员、干部、群众强烈不满和义愤。习近平同志强调，打铁必须自身硬，办好中国的事情，关键在党，关键在党要管党、全面从严治党。必须以加强党的长期执政能力建设、先进性和纯洁性建设为主线，以党的政治建设为统领，以坚定理想信念宗旨为根基，以调动全党积极性、主动性、创造

权威声音

习近平（中共中央总书记、国家主席、中央军委主席）：新的征程上，我们要牢记打铁必须自身硬的道理，增强全面从严治党永远在路上的政治自觉，以党的政治建设为统领，继续推进新时代党的建设新的伟大工程，不断严密党的组织体系，着力建设德才兼备的高素质干部队伍，坚定不移推进党风廉政建设和反腐败斗争，坚决清除一切损害党的先进性和纯洁性的因素，清除一切侵蚀党的健康肌体的病毒，确保党不变质、不变色、不变味，确保党在新时代坚持和发展中国特色社会主义的历史进程中始终成为坚强领导核心！

性为着力点，不断提高党的建设质量，把党建设成为始终走在时代前列、人民衷心拥护、勇于自我革命、经得起各种风浪考验、朝气蓬勃的马克思主义执政党。党以永远在路上的清醒和坚定，坚持严的主基调，突出抓住"关键少数"，落实主体责任和监督责任，强化监督执纪问责，把全面从严治党贯穿于党的建设各方面。党中央召开各领域党建工作会议作出有力部署，推动党的建设全面进步。

习近平总书记针对"七个有之"问题多次强调："这些问题往往没有引起一些地方和部门党组织的注意，发现了问题也没有上升到党纪国法高度来认识和处理。这是不对的，必须加以纠正。"

党中央强调，我们党来自人民、植根人民、服务人民，一旦脱离群众就会失去生命力，全面从严治党必须从人民群众反映强烈的作风问题抓起。党中央从制定和落实中央八项规定破题，坚持从中央政治局做起、从领导干部抓起，以上率下改进工作作风。中央政治局每年召开民主生活会，听取贯彻执行八项规定情况汇报，开展批评和自我

党的十八大到2021年5月，全国查处违反中央八项规定精神问题

全国共查处违反中央八项规定精神问题

62.6万件

主要涉及

公款旅游　大操大办婚丧喜庆　违规发放津贴补贴福利奖金　违规设立"小金库"　公车私用　违规收送节礼

资料来源：央视网

批评。党中央发扬钉钉子精神，持之以恒纠治"四风"，反对特权思想和特权现象，狠刹公款送礼、公款吃喝、公款旅游、奢侈浪费等不正之风，解决群众反映强烈、损害群众利益的突出问题，推进基层减负，倡导勤俭节约、反对铺张浪费，刹住了一些过去被认为不可能刹住的歪风，纠治了一些多年未除的顽瘴痼疾，党风政风和社会风气为之一新。

党的作风是党的形象，是观察党群干群关系、人心向背的晴雨表。党的作风正，人民的心气顺，党和人民就能同甘共苦。实践证明，只要真管真严、敢管敢严，党风建设就没有什么解决不了的问题。

党历来强调，全党必须做到理想信念坚定、组织体系严密、纪律规矩严明。马克思主义信仰、共产主义远大理想、中国特色社会主义共同理想，是中国共产党人的精神支柱和政治灵魂，也是保持党的团结统一的思想基础。党中央强调，理想信念是共产党人精神上的"钙"，共产党人如果没有理想信念，精神上就会"缺钙"，就会得

"软骨病"，必然导致政治上变质、经济上贪婪、道德上堕落、生活上腐化。党坚持思想建党和制度治党同向发力，先后开展党的群众路线教育实践活动、"严以修身、严以用权、严以律己，谋事要实、创业要实、做人要实"专题教育、"学党章党规、学系列讲话，做合格党员"学习教育、"不忘初心、牢记使命"主题教育、党史学习教育等，用党的创新理论武装全党，推进学习型政党建设，教育引导广大党员、干部特别是领导干部从思想上正本清源、固本培元，筑牢信仰之基、补足精神之钙、把稳思想之舵，保持共产党人政治本色，挺起共产党人的精神脊梁。党提出和贯彻新时代党的组织路线，明确信念坚定、为民服务、勤政务实、敢于担当、清正廉洁的新时代好干部标准，突出政治素质要求、树立正确用人导向，坚持德才兼备、以德为先，坚持五湖四海、任人唯贤，坚持事业为上、公道正派，坚持不唯票、不唯分、不唯生产总值、不唯年龄，不搞"海推"、"海选"，强化党组织领导和把关作用，纠正选人用人上的不正之风。党要求各级领导干部解决好世界观、人生观、价值观这个"总开关"问题，珍惜权力、管好权力、慎用权力，自觉接受各方面监督，时刻想着为党分忧、为国奉献、为民造福。党坚持党管人才原则，实行更加积极、更加开放、更加有效的人才政策，深入实施新时代人才强国战略，加快建设世界重要人才中心和创新高地，聚天下英才而用之。党不断健全组织体系，以提升组织力为重点，增强党组织政治功能和组织功能，树立大抓基层的鲜明导向，推动党的组织和党的工作全覆盖。党坚持纪严于法、执纪执法贯通，用好监督执纪"四种形态"，强化政治纪律和组织纪律，带动各项纪律全面严起来。党坚持依规治党，严格遵守党章，形成比较完善的党内法规体系，严格制度执行，党的建设科学化、制度化、规范化水平明显提高。

理想信念坚定、组织体系严密、纪律规矩严明三者联系密切，相互协调，共同产生作用。坚定理想信念，坚守共产党人精神追求，始终是共产党人安身立命的根本。严密的组织体系是党的强大优势，党严密的组织体系，是世界上任何其他政党都不具有的，是党进行伟大斗争、建设伟大工程、推进伟大事业、实现伟大梦想的坚强保证。纪律和规矩严明是党的光荣传统和独特优势。我们党是靠革命理想和铁的纪律组织起来的马克思主义政党。如果不严明纪律和规矩，党的凝聚力和战斗力就会大大削弱，党的领导能力和执政能力就会大大削弱。

党中央强调，腐败是党长期执政的最大威胁，反腐败是一场输不起也决不能输的重大政治斗争，不得罪成百上千的腐败分子，就要得罪 14 亿人民，必须把权力关进制度的笼子里，依纪依法设定权力、规范权力、制约权力、监督权力。党坚持不敢腐、不能腐、不想腐一体推进，惩治震慑、制度约束、提高觉悟一体发力，确保党和人民赋予的权力始终用来为人民谋幸福。坚持无禁区、全覆盖、零容忍，坚持重遏制、强高压、长震慑，坚持受贿行贿一起查，坚持有案必查、有腐必惩，以猛药去疴、重典治乱的决心，以刮骨疗毒、壮士断腕的

新时代全面从严治党取得的历史性成就
（党的十八大至2021年6月）

中央纪委共立案审查调查中管干部 **453**人

全国纪检监察机关立案审查案件 **380.5万**件

查处 **408.9万**人

给予党纪政务处分 **374.2万**人

资料来源：《中国纪检监察报》

勇气，坚定不移"打虎"、"拍蝇"、"猎狐"。坚决整治群众身边腐败问题，深入开展国际追逃追赃，清除一切腐败分子。党聚焦政治问题和经济问题交织的腐败案件，防止党内形成利益集团，查处周永康、薄熙来、孙政才、令计划等严重违纪违法案件。党领导完善党和国家监督体系，推动设立国家监察委员会和地方各级监察委员会，构建巡视巡察上下联动格局，构建以党内监督为主导、各类监督贯通协调的机制，加强对权力运行的制约和监督。

党的十八大以来，经过坚决斗争，全面从严治党的政治引领和政治保障作用充分发挥，党的自我净化、自我完善、自我革新、自我提高能力显著增强，管党治党宽松软状况得到根本扭转，反腐败斗争取得压倒性胜利并全面巩固，消除了党、国家、军队内部存在的严重隐患，党在革命性锻造中更加坚强。

（三）在经济建设上

改革开放以后，党扭住经济建设这个中心，领导人民埋头苦干，创造出经济快速发展奇迹，国家经济实力大幅跃升。同时，由于一些地方和部门存在片面追求速度规模、发展方式粗放等问题，加上国际金融危机后世界经济持续低迷影响，经济结构性体制性矛盾不断积累，发展不平衡、不协调、不可持续问题十分突出。党中央提出，我国经济发展进入新常态，已由高速增长阶段转向高质量发展阶段，面临增长速度换挡期、结构调整阵痛期、前期刺激政策消化期"三期叠加"的复杂局面，传统发展模式难以为继。党中央强调，贯彻新发展理念是关系我国发展全局的一场深刻变革，不能简单以生产总值增长率论英雄，必须实现创新成为第一动力、协调成为内生特点、绿色成为普遍形态、开放成为必由之路、共享成为根本目的的高质量发展，推动经济发展质量变革、效率变革、动力变革。

新发展理念是以习近平同志为核心的党中央对国内外现代化建设

```
                                  ┌─────────────────────────────────────────┐
                                  │ 是保持经济持续健康发展的必然要求            │
                                  └─────────────────────────────────────────┘
  ┌──────────────┐               ┌─────────────────────────────────────────┐
  │ 新时代我国经济 │               │ 是适应我国社会主要矛盾变化和全面建设       │
  │ 建设必须实现高 │ ═══════▶      │ 社会主义现代化国家的必然要求              │
  │ 质量发展      │               └─────────────────────────────────────────┘
  └──────────────┘               ┌─────────────────────────────────────────┐
                                  │ 是遵循经济发展规律的必然要求              │
                                  └─────────────────────────────────────────┘
```

经验和教训的深刻总结。它顺应了人民群众在经济、政治、文化、社会、生态等方面的新期待，集中反映了我们党对经济社会发展规律认识的深化，为全面建成小康社会提供了理论指导和行动指南，体现了全面建设社会主义现代化国家新征程的本质要求，是当今中国发展之道。

党加强对经济工作的战略谋划和统一领导，完善党领导经济工作体制机制。党的十八届五中全会、党的十九大、党的十九届五中全会和历次中央经济工作会议集中对我国发展作出部署，作出坚持以高质量发展为主题、以供给侧结构性改革为主线、建设现代化经济体系、把握扩大内需战略基点，打好防范化解重大风险、精准脱贫、污染防治三大攻坚战等重大决策。党毫不动摇巩固和发展公有制经济，毫不动摇鼓励、支持、引导非公有制经济发展，支持国有资本和国有企业做强做优做大，建立中国特色现代企业制度，增强国有经济竞争力、创新力、控制力、影响力、抗风险能力；构建亲清政商关系，促进非公有制经济健康发展和非公有制经济人士健康成长。党坚持实施创新驱动发展战略，把科技自立自强作为国家发展的战略支撑，健全新型举国体制，强化国家战略科技力量，加强基础研究，推进关键核心技术攻关和自主创新，强化知识产权创造、保护、运用，加快建设创新型国家和世界科技强国。全面实施供给侧结构性改革，推进去产能、

权威评论

刘鹤（中共中央政治局委员、国务院副总理）：满足人民需要是社会主义生产的根本目的，也是推动高质量发展的根本力量。我国经济的新增长点、新动力蕴含在解决好人民群众普遍关心的突出问题中，产生于人力资本质量提高的过程中。高质量发展就是要回归发展的本源，实现最大多数人的社会效用最大化。

去库存、去杠杆、降成本、补短板，落实巩固、增强、提升、畅通要求，推进制造强国建设，加快发展现代产业体系，壮大实体经济，发展数字经济。完善宏观经济治理，创新宏观调控思路和方式，增强宏观政策自主性，实施积极的财政政策和稳健的货币政策，坚持推进简政放权、放管结合、优化服务，保障粮食安全、能源资源安全、产业链供应链安全，坚持金融为实体经济服务，全面加强金融监管，防范化解经济金融领域风险，强化市场监管和反垄断规制，防止资本无序扩张，维护市场秩序，激发各类市场主体特别是中小微企业活力，保护广大劳动者和消费者权益。党实施区域协调发展战略，促进京津冀协同发展、长江经济带发展、粤港澳大湾区建设、长三角一体化发展、黄河流域生态保护和高质量发展，高标准高质量建设雄安新区，推动西部大开发形成新格局，推动东北振兴取得新突破，推动中部地区高质量发展，鼓励东部地区加快推进现代化，支持革命老区、民族地区、边疆地区、贫困地区改善生产生活条件。推进以人为核心的新型城镇化，加强城市规划、建设、管理。党始终把解决好"三农"问题作为全党工作重中之重，实施乡村振兴战略，加快推进农业农村现代化，坚持藏粮于地、藏粮于技，实行最严格的耕地保护制度，推动种业科技自立自强、种源自主可控，确保把中国人的饭碗牢牢端在自己手中。

坚持党的全面领导、加强党中央集中统一领导，是实现经济社会发展目标的根本保证。办好中国的事情关键在党。党的领导是做好党和国家各项工作的根本保证、是战胜一切困难和风险的"定海神针"。推动我国经济社会发展，必须坚持和完善党领导经济社会发展的体制机制，为实现高质量发展提供根本保证。

党的十八大以来，我国经济发展平衡性、协调性、可持续性明显增强，国内生产总值突破 100 万亿元大关，人均国内生产总值超过 1 万美元，国家经济实力、科技实力、综合国力跃上新台阶，我国经济迈上更高质量、更有效率、更加公平、更可持续、更为安全的发展之路。

党的十九届六中全会充分肯定了党的十八大以来我国经济发展的重要成就。党的十八大以来，我国经济总量持续增长，经济总量不断跨越 60 万亿元、70 万亿元、80 万亿元、90 万亿元、100 万亿元大关。2020 年，即使遭遇突如其来的新冠肺炎疫情，我国依然成为全球唯一实现正增长的主要经济体，国内生产总值达到 101.6 万亿元，占全球经济比重达到 17.4%，对世界经济增长的贡献率约为 30%。人均国内生产总值再次突破 1 万美元，向高收入国家水平又迈出坚实一步。构建起门类齐全、世界上最完整的现代工业体系，220 多种工业品产量位居世界第一。粮食产量连续多年保持在 1.3 万亿斤以上，实现谷物基本自给、口粮绝对安全。外汇储备保持在 3 万亿美元以上。强大国内市场加快形成，我国社会消费品零售总额超过 40 万亿元，已成为世界第一大市场，第三产业增加值占国内生产总值比重达 54.5%。经济发展的质量和效益不断提高，2020 年位列全球创新指数排名第 14 位，是前 30 名中唯一的中等收入经济体。数字经济核心产能增加值占国内生产总值的比重达到 7.8%。研发经费投入稳居世界第二，基础研究投入年均增幅达到 16.9%、占研发投入比重超过 6%，研发人员总量、发明专利申请量连续多年居世界首位。

（四）在全面深化改革开放上

党的十一届三中全会以后，我国改革开放走过波澜壮阔的历程，取得举世瞩目的成就。随着实践发展，一些深层次体制机制问题和利益固化的藩篱日益显现，改革进入攻坚期和深水区。党中央深刻认识到，实践发展永无止境，解放思想永无止境，改革开放也永无止境，改革只有进行时、没有完成时，停顿和倒退没有出路，必须以更大的政治勇气和智慧推进全面深化改革，敢于啃硬骨头，敢于涉险滩，突出制度建设，注重改革关联性和耦合性，真枪真刀推进改革，有效破除各方面体制机制弊端。

党的十八届三中全会对经济体制、政治体制、文化体制、社会体习近平（中共中央总书记、国家主席、中央军委主席）：完整、准确、全面贯彻新发展理念，既要以新发展理念指导引领全面深化改革，又要通过深化改革为完整、准确、全面贯彻新发展理念提供体制机制保障。党的十八届三中全会以来，我国主要领域改革主体框架基本确立，现在要把着力点放到围绕完整、准确、全面贯彻新发展理念，加强系统集成、精准施策上来。要在已有改革基础上，立足贯彻新发展理念、构建新发展格局，坚持问题导向，围绕增强创新能力、推动平衡发展、改善生态环境、提高开放水平、促进共享发展等重点领域和关键环节，继续把改革推向深入，更加精准地出台改革方案，更加全面地完善制度体系。

制、生态文明体制、国防和军队改革和党的建设制度改革作出部署，确定全面深化改革的总目标、战略重点、优先顺序、主攻方向、工作机制、推进方式和时间表、路线图。党的十一届三中全会是划时代的，开启了改革开放和社会主义现代化建设新时期。党的十八届三中全会也是划时代的，实现改革由局部探索、破冰突围到系统集成、全面深化的转变，开创了我国改革开放新局面。

党坚持改革正确方向，以促进社会公平正义、增进人民福祉为出发点和落脚点，突出问题导向，聚焦进一步解放思想、解放和发展社会生产力、解放和增强社会活力，加强顶层设计和整体谋划，增强改革的系统性、整体性、协同性，激发人民首创精神，推动重要领域和关键环节改革走实走深。党推动改革全面发力、多点突破、蹄疾步稳、纵深推进，从夯基垒台、立柱架梁到全面推进、积厚成势，再到系统集成、协同高效，各领域基础性制度框架基本确立，许多领域实现历史性变革、系统性重塑、整体性重构。

党的十八届三中全会后，以习近平同志为核心的党中央着力增强改革的系统性、整体性、协同性，着力抓好重大制度创新，拿出实实在在的举措着力提升人民群众获得感、幸福感、安全感，啃下了不少硬骨头，闯过了不少急流险滩，改革呈现全面发力、多点突破、蹄疾步稳、纵深推进的局面，推动党和国家事业取得历史性成就、发生历史性变革。全面深化改革的实践和成就证明，党的十八届三中全会作出了划时代的贡献。

党的十八届三中全会以来，全面深化改革在重要领域和关键环节取得决定性成果

不断完善市场机制有效、微观主体有活力、宏观调控有度的经济体制，有效增强了我国经济创新力和竞争力

完善中国特色社会主义法治体系，深化全面依法治国实践和改革，为党和国家事业发展提供了长期性制度保障

改革宣传思想文化工作体制机制，有效释放了社会主义先进文化创新创造力

聚焦社会建设领域短板弱项深化体制改革，在保障和改善民生中加强和创新社会治理，使人民群众获得感、幸福感、安全感持续增强

建立健全生态文明建设制度框架，推动生态环境保护发生历史性、转折性、全局性变化

领导开展新中国成立以来最为广泛、最为深刻的国防和军队改革，实现了人民军队的整体性革命性重塑

加快全面从严治党制度体系建设，坚持和改善党的领导，推动全面从严治党不断向纵深发展

党中央深刻认识到，开放带来进步，封闭必然落后；我国发展要赢得优势、赢得主动、赢得未来，必须顺应经济全球化，依托我国超大规模市场优势，实行更加积极主动的开放战略。我国坚持共商共建共享，推动共建"一带一路"高质量发展，推进一大批关系沿线国家经济发展、民生改善的合作项目，建设和平之路、繁荣之路、开放之路、绿色之路、创新之路、文明之路，使共建"一带一路"成为当今世界深受欢迎的国际公共产品和国际合作平台。我国坚持对内对外开放相互促进、"引进来"和"走出去"更好结合，推动贸易和投资自由化便利化，构建面向全球的高标准自由贸易区网络，建设自由贸易试验区和海南自由贸易港，推动规则、规制、管理、标准等制度型开放，形成更大范围、更宽领域、更深层次对外开放格局，构建互利共

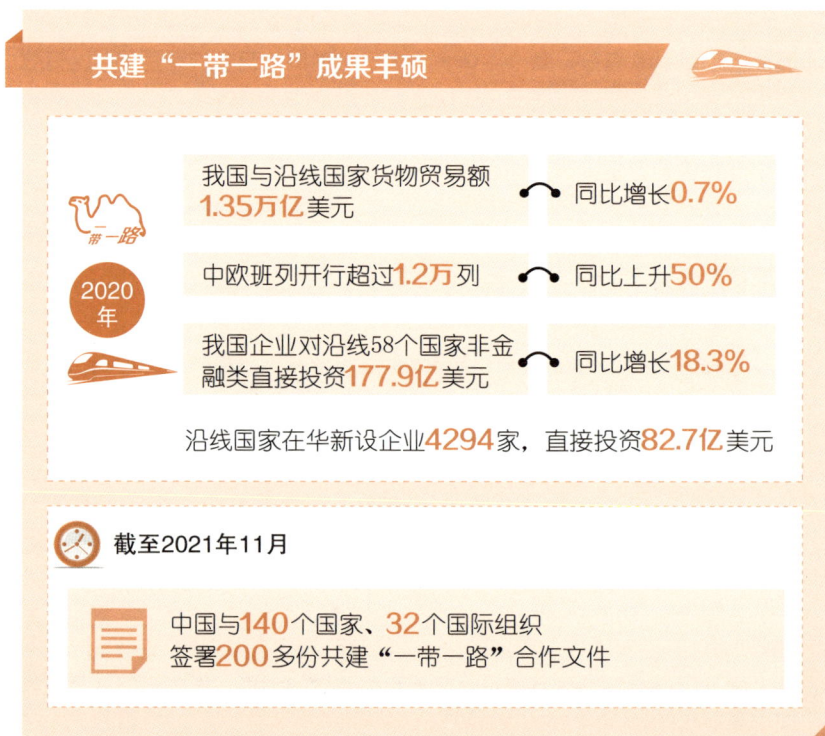

共建"一带一路"成果丰硕

2020年

我国与沿线国家货物贸易额 **1.35万亿**美元　　同比增长**0.7%**

中欧班列开行超过**1.2万**列　　同比上升**50%**

我国企业对沿线58个国家非金融类直接投资**177.9亿**美元　　同比增长**18.3%**

沿线国家在华新设企业**4294**家，直接投资**82.7亿**美元

截至2021年11月

中国与**140**个国家、**32**个国际组织签署**200**多份共建"一带一路"合作文件

数据来源：《人民日报》《经济日报》

赢、多元平衡、安全高效的开放型经济体系，不断增强我国国际经济合作和竞争新优势。

党的十八大以来，实施更加积极主动的开放战略的一系列措施，可以从三个方面理解把握。一是推动共建"一带一路"高质量发展。二是推动对内对外开放相互促进、"引进来"和"走出去"更好结合。三是主动参与、推动引领经济全球化进程。

党的十八大以来，党不断推动全面深化改革向广度和深度进军，中国特色社会主义制度更加成熟更加定型，国家治理体系和治理能力现代化水平不断提高，党和国家事业焕发出新的生机活力。

（五）在政治建设上

改革开放以后，党领导人民坚持中国特色社会主义政治发展道路，发展社会主义民主，取得重大进展。党从国内外政治发展成败得失中深刻认识到，坚定中国特色社会主义制度自信首先要坚定对中国特色社会主义政治制度的自信，建设社会主义民主政治，发展社会主义政治文明，必须使中国特色社会主义政治制度深深扎根于中国社会土壤，照抄照搬他国政治制度行不通，甚至会把国家前途命运葬送掉。必须坚持党的领导、人民当家作主、依法治国有机统一，积极发展全过程人民民主，健全全面、广泛、有机衔接的人民当家作主制度体系，构建多样、畅通、有序的民主渠道，丰富民主形式，从各层次各领域扩大人民有序政治参与，使各方面制度和国家治理更好体现人民意志、保障人民权益、激发人民创造。必须警惕和防范西方所谓"宪政"、多党轮流执政、"三权鼎立"等政治思潮的侵蚀影响。

"全过程人民民主"是以习近平同志为核心的党中央提出的重大理念，大大深化了我们党对民主政治发展规律的认识。2019年11月，习近平总书记在上海考察时指出，"人民民主是一种全过程的民主"。2021年7月，在庆祝中国共产党成立100周年大会上，习近平总书

大力发展全过程人民民主

记强调，要"发展全过程人民民主"。2021年10月，习近平总书记在中央人大工作会议上对这一重大理念作出深刻阐释："我国全过程人民民主实现了过程民主和成果民主、程序民主和实质民主、直接民主和间接民主、人民民主和国家意志相统一，是全链条、全方位、全覆盖的民主，是最广泛、最真实、最管用的社会主义民主。"这些重要论述深刻阐明了我国人民民主的本质特征和显著优势，展现了强烈的中国特色社会主义民主自信和底气。

党的十九届四中全会着眼于党长期执政和国家长治久安，对坚持和完善中国特色社会主义制度、推进国家治理体系和治理能力现代化作出总体擘画，重点部署坚持和完善支撑中国特色社会主义制度的根本制度、基本制度、重要制度。党中央强调，必须坚持人民主体地位，保证人民依法实行民主选举、民主协商、民主决策、民主管理、民主监督。党坚持和完善人民代表大会制度，支持和保证人民通过人民代表大会行使国家权力，支持和保证人大依法行使立法权、监督权、决定权、任免权，果断查处拉票贿选案，维护人民代表大会制度权威和尊严，发挥人民代表大会制度的根本政治制度作用。党坚持和完善中国共产党领导的多党合作和政治协商制度，完善民主党派中央对重大决策部署贯彻落实情况实施专项监督、直接向中共中央提出建议等制度，加强人民政协专门协商机构制度建设，推进社会主义协商民主广泛多层制度化发展，形成中国特色协商民主体系。党坚持巩固基层政权，完善基层民主制度，完善办事公开制度，保障人民知情权、参与权、表达权、监督权。按照坚持党的全面领导、坚持以人民为中心、坚持优化协同高效、坚持全面依法治国的原则，全面深化党和国家机构改革，党和国家机构职能实现系统性、整体性重构。党坚持和完善民族区域自治制度，坚定不移走中国特色解决民族问题的正确道路，坚持把铸牢中华民族共同体意识作为党的民族工作主线，确立新时代党的治藏方略、治疆方略，巩固和发展平等团结互助和谐的社会主义民族关系，促进各民族共同团结奋斗、共同繁荣发展。党坚持党的宗教工作基本方针，坚持我国宗教的中国化方向，积极引导宗教与社会主义社会相适应。党完善大统战工作格局，努力寻求最大公约数、画出最大同心圆，汇聚实现中华民族伟大复兴的磅礴力量。党围绕增强政治性、先进性、群众性，推动群团工作改革创新，更好发挥工会、共青团、妇联等人民团体和群众组织作用。我们以保障人民生存权、发展权为首要推进人权事业全面发展。

党的十八大以来，我国社会主义民主政治制度化、规范化、程序化全面推进，中国特色社会主义政治制度优越性得到更好发挥，生动活泼、安定团结的政治局面得到巩固和发展。

党的十九届六中全会充分肯定了我国社会主义民主政治建设的进展和成效。党的十八大以来，以习近平同志为核心的党中央在全面推进我国社会主义民主政治制度化、规范化、程序化方面采取了一系列重大举措。一是坚持和完善人民代表大会制度；二是坚持和完善中国共产党领导的多党合作和政治协商制度；三是完善基层民主制度；四是全面深化党和国家机构改革；五是坚持和完善民族区域自治制度；六是加强和改进新形势下统一战线工作；等等。

（六）在全面依法治国上

改革开放以后，党坚持依法治国，不断推进社会主义法治建设。同时，有法不依、执法不严、司法不公、违法不究等问题严重存在，司法腐败时有发生，一些执法司法人员徇私枉法，甚至充当犯罪分子的保护伞，严重损害法治权威，严重影响社会公平正义。党深刻认识到，权力是一把"双刃剑"，依法依规行使可以造福人民，违法违规行使必然祸害国家和人民。党中央强调，法治兴则国家兴，法治衰则国家乱；全面依法治国是中国特色社会主义的本质要求和重要保障，是国家治理的一场深刻革命；坚持依法治国首先要坚持依宪治国，坚持依法执政首先要坚持依宪执政。必须坚持中国特色社会主义法治道路，贯彻中国特色社会主义法治理论，坚持依法治国、依法执政、依法行政共同推进，坚持法治国家、法治政府、法治社会一体建设，全

权威评论

王晨（中共中央政治局委员，全国人大常委会副委员长、党组副书记）：改革开放40多年历程充分证明，我国社会主义法治有力巩固了中国共产党领导，有力保障了人民当家作主，有力促进了改革开放和社会主义现代化建设，有力推动了人权事业全面发展和社会全面进步，有力维护了国家统一、民族团结、社会和谐稳定。历史的经验和教训使我们党深刻认识到，法治兴则国家兴，法治衰则国家乱；法治与国家前途、人民命运息息相关，是治国理政、实现长治久安不可或缺的重要手段。实行依法治国，是我们党总结长期历史经验得出的重要结论，是坚持和发展中国特色社会主义的必然选择。

面增强全社会尊法学法守法用法意识和能力。

党的十八届四中全会和中央全面依法治国工作会议专题研究全面依法治国问题，就科学立法、严格执法、公正司法、全民守法作出顶层设计和重大部署，统筹推进法律规范体系、法治实施体系、法治监督体系、法治保障体系和党内法规体系建设。

党的十八届四中全会是我国全面依法治国历程中的一个重要节点。全会审议通过的《中共中央关于全面推进依法治国若干重大问题的决定》，是我国历史上第一个关于加强法治建设的专门决定，凝聚了全党智慧，体现了人民意志，是指导新形势下全面推进依法治国的纲领性文件。全会把依法治国作为会议主题，这在历史上是第一次。对于这个"第一次"，可以用四句话概括：第一次在党的历史上把法治作为中央全会的主题；第一次在新中国历史上把法治作为中央全会的主题；第一次在党的十一届三中全会以来的改革开放和社会主义现代化建设历史上把法治作为中央全会的主题；第一次中央全会以法治为题作出重要专门决定。

党强调，全面依法治国最广泛、最深厚的基础是人民，必须把体现人民利益、反映人民愿望、维护人民权益、增进人民福祉落实到全面依法治国各领域全过程，保障和促进社会公平正义，努力让人民群众在每一项法律制度、每一个执法决定、每一宗司法案件中都感受到公平正义。党领导健全保证宪法全面实施的体制机制，确立宪法宣誓制度，弘扬社会主义法治精神，提高国家机构依法履职能力，提高各级领导干部运用法治思维和法治方式解决问题、推动发展的能力，增强全社会法治意识。通过宪法修正案，制定民法典、外商投资法、国家安全法、监察法等法律，修改立法法、国防法、环境保护法等法律，加强重点领域、新兴领域、涉外领域立法，加快完善以宪法为核心的中国特色社会主义法律体系。党领导深化以司法责任制为重点的司法体制改革，推进政法领域全面深化改革，加强对执法司法活动的

党的十八大以来，我国人民群众的
知情权参与权持续完善

截至2021年4月

国家立法机关共有**230**件次法律草案
向社会公开征求意见

民法典草案公开征求意见期间共收到
425762人次
提出的**1021834**条意见

数据来源：《中国共产党尊重和保障人权的伟大实践》白皮书

监督制约，开展政法队伍教育整顿，依法纠正冤错案件，严厉惩治执法司法腐败，确保执法司法公正廉洁高效权威。

公平正义是中国特色社会主义的内在要求，保障和促进社会公平正义是社会主义法治的重要价值追求。具体表现为以下两点。其一，公平正义是全面依法治国的本质要求。其二，公平正义是广大人民群众的迫切期待。

党的十八大以来，中国特色社会主义法治体系不断健全，法治中国建设迈出坚实步伐，法治固根本、稳预期、利长远的保障作用进一步发挥，党运用法治方式领导和治理国家的能力显著增强。

党的十九届六中全会充分肯定了以习近平同志为核心的党中央带领全国人民推进全面依法治国取得的重大成就。党的十八大以来，在以习近平同志为核心的党中央坚强领导下，我们党把全面依法治国纳入"四个全面"战略布局，统筹推进科学立法、严格执法、公正司法、全民守法，国家治理的法治体系更加完善、法治环境更加优化，全面依法治国取得前所未有的历史性成就。党的十八届四中全会专门研究法治建设，绘就了全面依法治国的宏伟蓝图。2020年，中央全面依法治国工作会议确立习近平法治思想在全面依法治国中的指导地位，这在党和国家法治建设史上、马克思主义法治理论发展史上都具有重大意义。到2035年"基本实现国家治理体系和治理能力现代化，人民平等参与、平等发展权利得到充分保障，基本建成法治国家、法治政府、法治社会"，这是党的十九届五中全会擘画的法治蓝图。在以习近平同志为核心的党中央坚强领导下，在习近平法治思想的指引下，这一宏伟蓝图一定能够实现。

（七）在文化建设上

改革开放以后，党坚持物质文明和精神文明两手抓、两手硬，推动社会主义文化繁荣发展，振奋了民族精神，凝聚了民族力量。同时，拜金主义、享乐主义、极端个人主义和历史虚无主义等错误思潮不时出现，网络舆论乱象丛生，一些领导干部政治立场模糊、缺乏斗争精神，严重影响人们思想和社会舆论环境。党准确把握世界范围内思想文化相互激荡、我国社会思想观念深刻变化的趋势，强调意识形态工作是为国家立心、为民族立魂的工作，文化自信是更基础、更广泛、更深厚的自信，是一个国家、一个民族发展中最基本、最深沉、最持久的力量，没有高度文化自信、没有文化繁荣兴盛就没有中华民族伟大复兴。必须坚持以人民为中心的工作导向，举旗帜、聚民心、育新人、兴文化、展形象，牢牢掌握意识形态工作领导权，建设具有强大凝聚力和引领力的社会主义意识形态，建设社会主义文化强国，激发全民族文化创新创造活力，更好构筑中国精神、中国价值、中国力量，巩固全党全国各族人民团结奋斗的共同思想基础。

习近平总书记指出："一个国家、一个民族的强盛，离不开文化兴盛的支撑。"坚定文化自信，才能推动文化繁荣，才能为当代中国发展进步、为实现第二个百年奋斗目标和中华民族伟大复兴的中国梦习近平（中共中央总书记、国家主席、中央军委主席）：发展文化事业是满足人民精神文化需求、保障人民文化权益的基本途径。要坚持为人民服务、为社会主义服务的方向，坚持百花齐放、百家争鸣的方针，全面繁荣新闻出版、广播影视、文学艺术、哲学社会科学事业，着力提升公共文化服务水平，让人民享有更加充实、更为丰富、更高质量的精神文化生活。要推进城乡公共文化服务体系一体建设，优化城乡文化资源配置，完善农村文化基础设施网络，增加农村公共文化服务总量供给，缩小城乡公共文化服务差距。

提供不竭精神动力和强大文化保障。

党着力解决意识形态领域党的领导弱化问题，立破并举、激浊扬清，就意识形态领域许多方向性、战略性问题作出部署，确立和坚持马克思主义在意识形态领域指导地位的根本制度，健全意识形态工作责任制，推动全党动手抓宣传思想工作，守土有责、守土负责、守土尽责，敢抓敢管、敢于斗争，旗帜鲜明反对和抵制各种错误观点。党从正本清源入手加强宣传思想工作，召开全国宣传思想工作会议，分别召开文艺工作、党的新闻舆论工作、网络安全和信息化工作、哲学社会科学工作座谈会和全国高校思想政治工作会议，就一系列根本性问题阐明原则立场，廓清了理论是非，校正了工作导向，思想文化领域向上向好态势不断发展。推动用党的创新理论武装全党、教育人民、指导实践，深化马克思主义理论研究和建设，推进中国特色哲学社会科学学科体系、学术体系、话语体系建设。高度重视传播手段建设和创新，推动媒体融合发展，提高新闻舆论传播力、引导力、影响力、公信力。

党中央明确提出，过不了互联网这一关就过不了长期执政这一关。党高度重视互联网这个意识形态斗争的主阵地、主战场、最前沿，健全互联网领导和管理体制，坚持依法管网治网，营造清朗的网络空间。

习近平新时代中国特色社会主义思想深入人心。我们党始终坚持马克思主义在意识形态领域指导地位这一根本制度，这也是文化领域的根本制度。党的十八大以来，深入开展习近平新时代中国特色社会主义思想学习教育，出版《习近平谈治国理政》（第一至三卷）、《习近平新时代中国特色社会主义思想学习纲要》、《习近平新时代中国特色社会主义思想学习问答》等权威著作和辅导读本，建好用好新时代文明实践中心、县级融媒体中心和"学习强国"学习平台，坚持不懈用习近平新时代中国特色社会主义思想武装全党、教育人民，干部群众对这一思想理解更加深入、践行更加自觉。

党坚持以社会主义核心价值观引领文化建设，注重用社会主义先进文化、革命文化、中华优秀传统文化培根铸魂，广泛开展中国特色社会主义和中国梦宣传教育，推动理想信念教育常态化制度化，完善思想政治工作体系，建立健全党和国家功勋荣誉表彰制度，设立烈士纪念日，深化群众性精神文明创建，建设新时代文明实践中心，推动学习大国建设。党推动学习党史、新中国史、改革开放史、社会主义发展史，建成中国共产党历史展览馆，开展庆祝中国共产党成立100周年、中华人民共和国成立70周年、中国人民解放军建军90周年、改革开放40周年和纪念中国人民抗日战争暨世界反法西斯战争胜利70周年、中国人民志愿军抗美援朝出国作战70周年等活动，有力彰显党心民心、国威军威，在全社会唱响了主旋律、弘扬了正能量。党坚持把社会效益放在首位、社会效益和经济效益相统一，推进文化事业和文化产业全面发展，繁荣文艺创作，完善公共文化服务体系，为人民提供了更多更好的精神食粮。

党的十八大以来，我们党坚持以社会主义核心价值观引领文化建

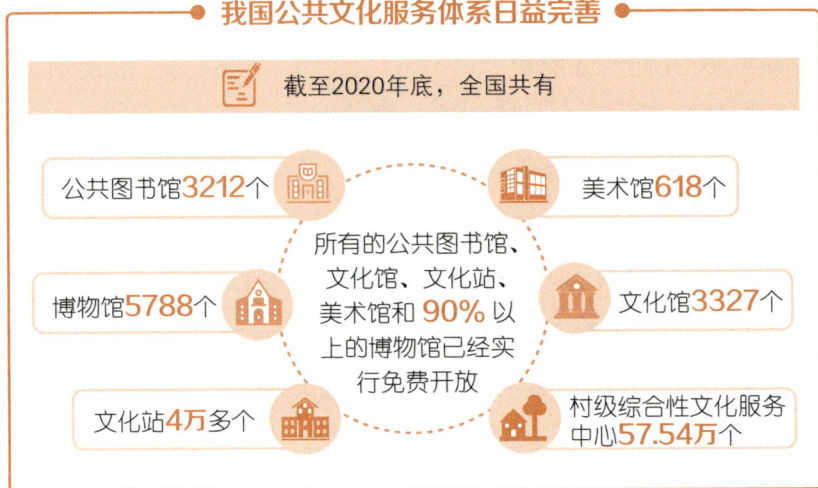

我国公共文化服务体系日益完善

截至2020年底，全国共有

公共图书馆**3212**个

美术馆**618**个

博物馆**5788**个

文化馆**3327**个

文化站**4万**多个

村级综合性文化服务中心**57.54万**个

所有的公共图书馆、文化馆、文化站、美术馆和**90%**以上的博物馆已经实行免费开放

数据来源：《中国旅游报》

设，广泛开展中国特色社会主义和中国梦宣传教育，持续深化群众性精神文明创建，大力培育时代新人、弘扬时代新风。特别注重发挥榜样引领作用，为英雄模范颁授党和国家功勋荣誉，评选表彰一大批道德模范、时代楷模和最美人物，形成了见贤思齐、崇德向善、争当先锋的良好风尚。党的十八大以来，人民群众文化需求得到更好满足。我们党坚持以人民为中心的工作导向，大力繁荣文艺创作生产，先后推出了电影《我和我的祖国》《长津湖》，电视剧《觉醒年代》《山海情》等一批精品。我们党积极推进城乡公共文化服务体系一体建设，深入实施文化惠民工程，推动中华优秀传统文化创造性转化、创新性发展，建设长城、大运河、长征、黄河等国家文化公园，为人民群众提供了更为丰富、更有营养的精神食粮。

党中央强调，中华优秀传统文化是中华民族的突出优势，是我们在世界文化激荡中站稳脚跟的根基，必须结合新的时代条件传承和弘扬好。我们实施中华优秀传统文化传承发展工程，推动中华优秀传统文化创造性转化、创新性发展，增强全社会文物保护意识，加大文

党的领导在意识形态领域一度被忽视、淡化、削弱的状况得到有效扭转

主流思想主导地位遭受侵蚀的状况得到有效扭转

党的十八大以来，我国意识形态领域发生了全局性、根本性转变

意识形态工作被动应付、反击不力的状况得到有效扭转

网络舆论乱象丛生的状况得到有效扭转

遗产保护力度。加快国际传播能力建设，向世界讲好中国故事、中国共产党故事，传播好中国声音，促进人类文明交流互鉴，国家文化软实力、中华文化影响力明显提升。

党的十八大以来，可信可爱可敬的中国形象更加引人瞩目。其一，加强对外文化交流和多层次文明对话，举办亚洲文明对话大会，开展中国文化年、旅游年、感知中国、欢乐春节、经典著作互译等活动。其二，积极构建多主体、立体化大外宣格局，推动文化交流互鉴，促进民心相通相融，积极向世界讲好中国故事、传播好中国声音，我国国际话语权和影响力得到显著提升。

党的十八大以来，我国意识形态领域形势发生全局性、根本性转变，全党全国各族人民文化自信明显增强，全社会凝聚力和向心力极大提升，为新时代开创党和国家事业新局面提供了坚强思想保证和强大精神力量。

（八）在社会建设上

改革开放以后，我国人民生活显著改善，社会治理明显改进。同时，随着时代发展和社会进步，人民对美好生活的向往更加强烈，对

民主、法治、公平、正义、安全、环境等方面的要求日益增长。党中央强调，人民对美好生活的向往就是我们的奋斗目标，增进民生福祉是我们坚持立党为公、执政为民的本质要求，让老百姓过上好日子是我们一切工作的出发点和落脚点，补齐民生保障短板、解决好人民群众急难愁盼问题是社会建设的紧迫任务。必须以保障和改善民生为重点加强社会建设，尽力而为、量力而行，一件事情接着一件事情办，一年接着一年干，在幼有所育、学有所教、劳有所得、病有所医、老有所养、住有所居、弱有所扶上持续用力，加强和创新社会治理，使人民获得感、幸福感、安全感更加充实、更有保障、更可持续。

民生是人民幸福之基、社会和谐之本。增进民生福祉是我们党坚持立党为公、执政为民的本质要求。对此，习近平总书记指出："让老百姓过上好日子是我们一切工作的出发点和落脚点。"

党深刻认识到，小康不小康，关键看老乡；脱贫攻坚是全面建成小康社会的底线任务，只有打赢脱贫攻坚战，才能确保全面建成小康社会、实现第一个百年奋斗目标；必须以更大决心、更精准思路、更有力措施，采取超常举措，实施脱贫攻坚工程。党坚持精准扶贫，确立不愁吃、不愁穿和义务教育、基本医疗、住房安全有保障工作目标，实行"军令状"式责任制，动员全党全国全社会力量，上下同心、尽锐出战，攻克坚中之坚、解决难中之难，组织实施人类历史上规模最大、力度最强的脱贫攻坚战，形成伟大脱贫攻坚精神。党的十八大以来，全国832个贫困县全部摘帽，12.8万个贫困村全部出列，近1亿农村贫困人口实现脱贫，提前10年实现联合国2030年可持续发展议程减贫目标，历史性地解决了绝对贫困问题，创造了人类减贫史上的奇迹。

党的十九届六中全会把打赢脱贫攻坚战作为新时代的一项重大历史性成就进行了总结，进而突出了这项成就的重大历史意义。党的十八大以来，党中央把脱贫攻坚摆在治国理政的突出位置，把脱贫攻

打赢脱贫攻坚战（2012—2020年）

中国农村贫困人口变化情况

单位：万人

年份	2012	2013	2014	2015	2016	2017	2018	2019	2020
万人	9899	8249	7017	5575	4335	3046	1660	551	全部脱贫

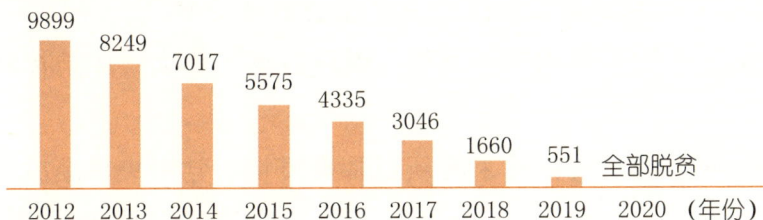

贫困县数量变化情况

单位：个

年份	2012	2013	2014	2015	2016	2017	2018	2019	2020
个	832	832	832	832	804	679	396	52	全部摘帽

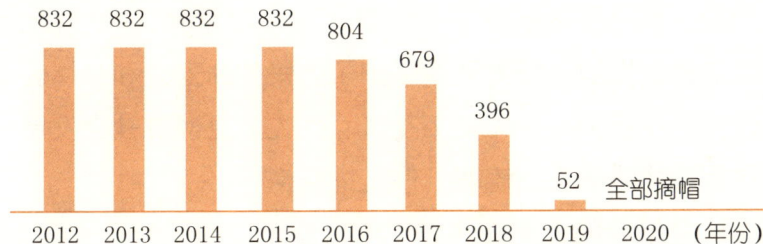

数据来源：《人类减贫的中国实践》白皮书

坚作为全面建成小康社会的底线任务，组织开展了声势浩大的脱贫攻坚人民战争。党和人民披荆斩棘、栉风沐雨，发扬钉钉子精神，敢于啃硬骨头，攻克了一个又一个贫中之贫、坚中之坚，脱贫攻坚取得了重大历史性成就。主要包括五个方面：其一，农村贫困人口全部脱贫，为实现全面建成小康社会目标任务作出了关键性贡献。其二，脱贫地区经济社会发展大踏步赶上来，整体面貌发生历史性巨变。其三，脱贫群众精神风貌焕然一新，增添了自立自强的信心勇气。其四，党群干群关系明显改善，党在农村的执政基础更加牢固。其五，创造了减贫治理的中国样本，为全球减贫事业作出了重大贡献。脱贫攻坚伟大斗争也锻造形成了"上下同心、尽锐出战、精准务实、开拓创新、攻坚克难、不负人民"的脱贫攻坚精神。脱贫攻坚精神是中国共产党性质宗旨、中国人民意志品质、中华民族精神的生动写照，是爱国主义、集体主义、社会主义思想的集中体现，是中国精神、中国价值、中国力量的充分彰显，赓续传承了伟大民族精神和时代精神。

2020年，面对突如其来的新冠肺炎疫情，党中央果断决策、沉着应对，坚持人民至上、生命至上，提出坚定信心、同舟共济、科学防治、精准施策的总要求，开展抗击疫情人民战争、总体战、阻击战，周密部署武汉保卫战、湖北保卫战，举全国之力实施规模空前的生命大救援，慎终如始抓好"外防输入、内防反弹"，坚持统筹疫情防控和经济社会发展，最大限度保护了人民生命安全和身体健康，在全球率先控制住疫情、率先复工复产、率先恢复经济社会发展，抗疫斗争取得重大战略成果，铸就了伟大抗疫精神。

伟大抗疫精神的主要内涵是"生命至上、举国同心、舍生忘死、尊重科学、命运与共"。2020年9月8日，习近平总书记在全国抗击新冠肺炎疫情表彰大会上的讲话中指出："伟大抗疫精神，同中华民族长期形成的特质禀赋和文化基因一脉相承，是爱国主义、集体主义、社会主义精神的传承和发展，是中国精神的生动诠释，丰富了民族精神和时代精神的内涵。我们要在全社会大力弘扬伟大抗疫精神，使之转化为全面建设社会主义现代化国家、实现中华民族伟大复兴的强大力量。"

为了保障和改善民生，党按照坚守底线、突出重点、完善制度、引导预期的思路，在收入分配、就业、教育、社会保障、医疗卫生、住房保障等方面推出一系列重大举措，注重加强普惠性、基础性、兜底性民生建设，推进基本公共服务均等化。我们努力建设体现效率、促进公平的收入分配体系，调节过高收入，取缔非法收入，增加低收入者收入，稳步扩大中等收入群体，推动形成橄榄型分配格局，居民收入增长与经济增长基本同步，农村居民收入增速快于城镇居民。实施就业优先政策，推动实现更加充分、更高质量就业。全面贯彻党的教育方针，优先发展教育事业，明确教育的根本任务是立德树人，培养德智体美劳全面发展的社会主义建设者和接班人，深化教育教学改革创新，促进公平和提高质量，推进义务教育均衡发展和城乡一体化，全面推行国家通用语言文字教育教学，规范校外培训机构，积极发展职业教育，推动高等教育内涵式发展，推进教育强国建设，办好人民满意的教育。我国建成世界上规模最大的社会保障体系，10.14亿人拥有基本养老保险，13.6亿人拥有基本医疗保险。全面推进健康中国建设，坚持预防为主的方针，深化医药卫生体制改革，引导医疗卫生工作重心下移、资源下沉，及时推动完善重大疫情防控体制机制、健全国家公共卫生应急管理体系，促进中医药传承创新发展，健全遍及城乡的公共卫生服务体系。加快体育强国建设，广泛开展全民健身活动，大力弘扬中华体育精神。加强人口发展战略研究，积极应对人口老龄化，加快建设养老服务体系，调整优化生育政策，促进人

○— **党的十八大以来，我国民生福祉不断提升** —○

2020年 我国居民人均可支配收入达到**3.2万**元，拥有全球规模最大、最具成长性的中等收入群体（**4亿**多人）

城镇居民恩格尔系数下降到**29.2%**
农村居民恩格尔系数下降到**32.7%**

九年义务教育巩固率达**95.2%**
高等教育毛入学率达到**54.4%**

数据来源：国家统计局网站、教育部网站

口长期均衡发展。注重家庭家教家风建设，保障妇女儿童权益。加快发展残疾人事业。坚持房子是用来住的、不是用来炒的定位，加快建立多主体供给、多渠道保障、租购并举的住房制度，加大保障房建设投入力度，城乡居民住房条件明显改善。

人口是影响经济社会发展的基础性、全局性、战略性问题。我们党针对近年来我国人口形势的重大变化，加强了人口发展战略研究，积极应对人口老龄化问题。一是加快建设居家社区机构相协调、医养康养相结合的养老服务体系。2012—2020年，中央财政累计投入271亿元支持养老服务设施建设。截至2020年底，各类养老机构和设施总数达32.9万个、床位821万张，床位总数比2012年增长了97%。老年人高龄津贴、养老服务补贴、失能老年人护理补贴分别惠及3104.4万、535万、81.3万人。二是调整优化生育政策，先后出台单独两孩、全面两孩、放开三孩等重大政策，促进生育政策和相关经济社会政策配套衔接，积极发展普惠托育服务体系，促进人口长期均衡发展。三是注重家庭家教家风建设，保证妇女儿童权益。四是加快发展残疾人事业。

住有所居是重要的民生目标，关系千家万户的切身利益。党的十八大以来，我国累计建设各类保障性住房和棚改安置房8000多万套，帮助2亿多群众解决了住房困难，建成了世界上最大的住房保障体系。坚持因城施策，促进房地产市场平稳健康发展。2019年，我国城镇居民和农村居民人均住房建筑面积分别为39.8平方米和48.9平方米，比2012年分别增加6.9平方米和11.8平方米，城乡居民住房条件得到明显改善。

党着眼于国家长治久安、人民安居乐业，建设更高水平的平安中国，完善社会治理体系，健全党组织领导的自治、法治、德治相结合的城乡基层治理体系，推动社会治理重心向基层下移，建设共建共治共享的社会治理制度，建设人人有责、人人尽责、人人享有的社会治理共同体。加强防灾减灾救灾和安全生产工作，加强国家应急管理体系和能力建设。坚持和发展新时代"枫桥经验"，坚持系统治理、依法治理、综合治理、源头治理，完善信访制度，健全社会矛盾纠纷多元预防调处化解综合机制，加强社会治安综合治理，开展扫黑除恶专项斗争，坚决惩治放纵、包庇黑恶势力甚至充当保护伞的党员干部，防范和打击暴力恐怖、新型网络犯罪、跨国犯罪。

2018年至2020年，党中央部署开展了为期3年的扫黑除恶专项斗争，依法严惩黑恶犯罪和放纵、包庇黑恶势力甚至充当"保护伞"的党员干部。召开全国扫黑除恶专项斗争总结表彰大会，出台《关于常态化开展扫黑除恶斗争巩固专项斗争成果的意见》……通过这场专

扫黑除恶专项斗争取得显著成效（2018—2020年）

黑恶势力得到有效铲除

全国共打掉涉黑组织**3644**个、涉恶犯罪集团**11675**个，打掉的涉黑组织是前10年总和的**1.3**倍

社会治安环境显著改善

通过专项斗争，攻克了一批长期悬而未破的重大刑事案件，全面整治了治安乱点，有效净化了社会治安环境。2020年全国刑事案件比2017年下降**13.1%**，八类严重暴力案件下降**30%**

党风政风社会风气明显好转

查处涉黑涉恶腐败和"保护伞"案件**89742**件、立案处理**115913**人，打掉农村涉黑组织**1289**个，农村涉恶犯罪集团**4095**个，依法严惩"村霸"**3727**名，排查清理受过刑事处罚，存在"村霸"、涉黑涉恶等问题的村干部**42700**名

数据来源：人民网

项斗争，黑恶犯罪得到根本遏制，营商环境持续优化，基层基础全面夯实，党风政风社会风气明显好转，这在中国乃至世界反有组织犯罪历史上都是不寻常的成就。社会各界普遍认为，扫黑除恶专项斗争是党的十九大以来最得人心的大事之一。

党的十八大以来，我国社会建设全面加强，人民生活全方位改善，社会治理社会化、法治化、智能化、专业化水平大幅度提升，发展了人民安居乐业、社会安定有序的良好局面，续写了社会长期稳定奇迹。

（九）在生态文明建设上

改革开放以后，党日益重视生态环境保护。同时，生态文明建设仍然是一个明显短板，资源环境约束趋紧、生态系统退化等问题越来越突出，特别是各类环境污染、生态破坏呈高发态势，成为国土之伤、民生之痛。如果不抓紧扭转生态环境恶化趋势，必将付出极其沉重的代价。党中央强调，生态文明建设是关乎中华民族永续发展的根本大计，保护生态环境就是保护生产力，改善生态环境就是发展生产力，决不以牺牲环境为代价换取一时的经济增长。必须坚持绿水青山就是金山银山的理念，坚持山水林田湖草沙一体化保护和系统治理，像保护眼睛一样保护生态环境，像对待生命一样对待生态环境，更加自觉地推进绿色发展、循环发展、低碳发展，坚持走生产发展、生活富裕、生态良好的文明发展道路。

"生态文明建设是关乎中华民族永续发展的根本大计"，是以习近平同志为核心的党中央的一个重要论断，它突出了生态文明建设的重要地位。习近平总书记指出："中华民族向来尊重自然、热爱自然，绵延5000多年的中华文明孕育着丰富的生态文化。""生态兴则文明兴，生态衰则文明衰。生态环境是人类生存和发展的根基，生态环境变化直接影响文明兴衰演替。"这一重要论断不仅是对人类文明党的十八大以来，我国通过全面深化改革，加快推进生态文明顶层设计和制度体系建设，相继出台《关于加快推进生态文明建设的意见》《生态文明体制改革总体方案》，制定了40多项涉及生态文明建设的改革方案，从总体目标、基本理念、主要原则、重点任务、制度保障等方面，对生态文明建设进行全面系统部署安排。与此同时，土壤污染防治法、长江保护法等法律制定施行，环境保护法、大气污染防治法、森林法等法律修订完善，为生态文明建设保驾护航。

发展规律的深刻总结，更是对一个时期以来我国生态环境恶化的深刻反思和对生态文明建设的长远思考。

党从思想、法律、体制、组织、作风上全面发力，全方位、全地域、全过程加强生态环境保护，推动划定生态保护红线、环境质量底线、资源利用上线，开展一系列根本性、开创性、长远性工作。党组织实施主体功能区战略，建立健全自然资源资产产权制度、国土空间开发保护制度、生态文明建设目标评价考核制度和责任追究制度、生态补偿制度、河湖长制、林长制、环境保护"党政同责"和"一岗双责"等制度，制定修订相关法律法规。优化国土空间开发保护格局，建立以国家公园为主体的自然保护地体系，持续开展大规模国土绿化行动，加强大江大河和重要湖泊湿地及海岸带生态保护和系统治理，加大生态系统保护和修复力度，加强生物多样性保护，推动形成节约资源和保护环境的空间格局、产业结构、生产方式、生活方式。党领导着力打赢污染防治攻坚战，深入实施大气、水、土壤污染防治三大行动计划，打好蓝天、碧水、净土保卫战，开展农村人居环境整治，

碳排放量

碳达峰

2021年　　2030年　　（年份）

碳中和

碳排放　　　　　　　　　碳吸收

2021—2030年：实现碳达峰
2031—2045年：快速降低碳排放
2046—2060年：深度脱碳，实现碳中和

全面禁止进口"洋垃圾"。开展中央生态环境保护督察，坚决查处一批破坏生态环境的重大典型案件、解决一批人民群众反映强烈的突出环境问题。我国积极参与全球环境与气候治理，作出力争2030年前实现碳达峰、2060年前实现碳中和的庄严承诺，体现了负责任大国的担当。

党的十八大以来，党中央以前所未有的力度抓生态文明建设，全党全国推动绿色发展的自觉性和主动性显著增强，美丽中国建设迈出重大步伐，我国生态环境保护发生历史性、转折性、全局性变化。

总之，以习近平同志为核心的党中央把生态文明建设摆在党和国家工作突出位置，从思想、法律、体制、组织、作风上全面发力，全

2020年，我国生态环境质量明显改善

全国森林覆盖率
提升到 **23.04%**

长江干流历史性
实现全线 **Ⅱ** 类水质

北京细颗粒物（PM$_{2.5}$）年均浓度降至 **38** 微克／立方米，比 2013 年下降 **57.5%**；空气质量达标天数增至 **276** 天，比 2013 年增加 **100** 天

数据来源：《人民日报》

方位、全地域、全过程加强生态环境保护，开展了一系列根本性、开创性、长远性工作，决心之大、力度之大、成效之大前所未有。

（十）在国防和军队建设上

改革开放以后，人民军队革命化现代化正规化水平不断提高，国防实力日益增强，为国家改革发展稳定提供了可靠安全保障。党中央强调，强国必须强军、军强才能国安，必须建设同我国国际地位相称、同国家安全和发展利益相适应的巩固国防和强大人民军队。

2020 年 7 月 30 日，习近平总书记在主持十九届中央政治局第二十二次集体学习时明确指出："强国必须强军，军强才能国安。坚持和发展中国特色社会主义，实现中华民族伟大复兴，必须统筹发展和安全、富国和强军，确保国防和军队现代化进程同国家现代化进程相适应，军事能力同国家战略需求相适应。"习近平总书记的这一重要论述深刻揭示了国防和军队现代化建设在我们党和国家事业全局中的重要位置，科学阐明了新时代统筹富国和强军的重大意义，为加快推进国防和军队现代化、全面建成社会主义现代化强国指明了前进方向、提供了根本遵循。

国防和军队现代化新"三步走"战略

党提出新时代的强军目标，确立新时代军事战略方针，制定到2027年实现建军100年奋斗目标、到2035年基本实现国防和军队现代化、到本世纪中叶全面建成世界一流军队的国防和军队现代化新"三步走"战略，推进政治建军、改革强军、科技强军、人才强军、依法治军，加快军事理论现代化、军队组织形态现代化、军事人员现代化、武器装备现代化，加快机械化信息化智能化融合发展，全面加强练兵备战，坚持走中国特色强军之路。

建设强大人民军队，首要的是毫不动摇坚持党对人民军队绝对领导的根本原则和制度，坚持人民军队最高领导权和指挥权属于党中央和中央军委，全面深入贯彻军委主席负责制。有一个时期，人民军队党的领导弱化问题突出，如果不彻底解决，不仅影响战斗力，而且事关党指挥枪这一重大政治原则。党中央和中央军委狠抓全面从严治军，果断决策整肃人民军队政治纲纪，在古田召开全军政治工作会议，对新时代政治建军作出部署，恢复和发扬我党我军光荣传统和优良作风，以整风精神推进政治整训，全面加强军队党的领导和党的建设，深入推进军队党风廉政建设和反腐败斗争，坚决查处郭伯雄、徐才厚、房峰辉、张阳等严重违纪违法案件并彻底肃清其流毒影响，推

	人民军队最高领导权和指挥权属于党中央和中央军委，中央军委实行主席负责制
党对人民军队绝对领导的制度体系的主要内容	实行党委制、政治委员制、政治机关制
	实行党委（支部）统一的集体领导下的首长分工负责制
	实行支部建在连上

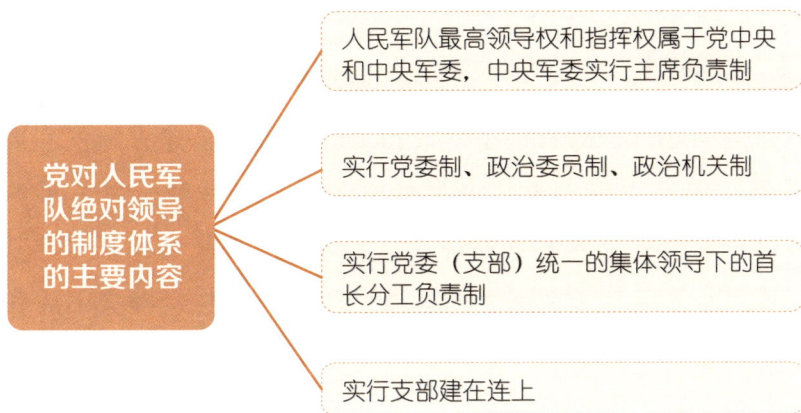

动人民军队政治生态根本好转。

党的十八大以来，以习近平同志为核心的党中央不断深入推进政治建军。政治建军是人民军队的立军之本，也是最大优势。习近平主席深刻指出，要坚持从思想上政治上建设和掌握部队，深入贯彻古田全军政治工作会议精神，按照新时代党的建设总要求加强各级党组织建设，教育引导官兵强化"四个意识"，坚决听从党中央和中央军委指挥。听党指挥是强军之魂，对党绝对忠诚要害在"绝对"二字，确保枪杆子永远掌握在忠于党的可靠的人手中；党的领导和党的建设是我军建设发展的关键，着力抓好党的政治建设，增强各级党组织的领导力、组织力、执行力；充分发挥政治工作对强军兴军的生命线作用，把理想信念、党性原则、战斗力标准、政治工作威信在全军牢固立起来，培养"四有"新时代革命军人，锻造"四铁"过硬部队；把理想信念的火种、红色传统的基因一代代传下去，让革命事业薪火相传、血脉永续，永远保持老红军本色。这都是思想建党、政治建军原则在新时代的丰富发展，把握和落实好这些根本政治要求，才能保证强军兴军坚定正确的政治方向。

针对党的十八大之前一个时期，人民军队面临的严重政治风险，

　　2014 年 10 月 30 日，全军政治工作会议在福建省上杭县古田镇召开。31 日下午，中共中央总书记、国家主席、中央军委主席习近平在会议上发表重要讲话。习近平主席鲜明指出"紧紧围绕实现中华民族伟大复兴的中国梦，为实现党在新形势下的强军目标提供坚强政治保证"，是军队政治工作的时代主题。这是党赋予我军政治工作的新使命，是政治工作的根本出发点、落脚点。习近平主席突出强调，加强和改进新形势下我军政治工作，当前最紧要的是把 4 个带根本性的东西立起来：把理想信念在全军牢固立起来，把党性原则在全军牢固立起来，把战斗力标准在全军牢固立起来，把政治工作威信在全军牢固立起来。

　　习近平主席力挽狂澜、扶危定倾，领导召开古田全军政治工作会议，确立新时代政治建军方略，带领全军重整行装再出发。大力推进政治整训，着力整顿思想、整顿用人、整顿组织、整顿纪律，重振政治纲纪，纯正政治生态。围绕全面加强人民军队党的领导和党的建设工作，作出一系列政治设计和制度安排，用习近平新时代中国特色社会主义思想武装全军，开展一系列党内集中教育和主题教育，全面锻造过硬基层，夯实维护核心、听从指挥的思想政治根基。

　　党提出改革强军战略，领导开展新中国成立以来最为广泛、最为深刻的国防和军队改革，重构人民军队领导指挥体制、现代军事力量体系、军事政策制度，裁减现役员额 30 万，形成了军委管总、战区主战、军种主建新格局。面对世界新军事革命，我们实施科技强军战略，建设创新型人民军队，建设强大的现代化后勤，国防科技和武器装备建设取得重大进展。实施人才强军战略，确立新时代军事教育方针，明确军队好干部标准，推动构建三位一体新型军事人才培养体系，培养有灵魂、有本事、有血性、有品德的新时代革命军人，锻造具有铁一般信仰、铁一般信念、铁一般纪律、铁一般担当的过硬部队。贯彻依法治军战略，构建中国特色军事法治体系，加快治军方式根本性转变。推进军人荣誉体系建设。

党的十八大以来，以习近平同志为核心的党中央不断深入推进改革强军。深化国防和军队改革是强军兴军的必由之路，也是决定人民军队未来的关键一招。习近平主席亲自决策将这轮改革纳入全面深化改革总盘子，深刻阐明一系列带根本性方向性全局性的重大问题。要求深入推进人民军队组织形态现代化，巩固和拓展前期改革成果，推动军兵种建设战略转型，构建中国特色现代军事力量体系；打通改革"最后一公里"，确保各项改革举措落地，让一切战斗力要素的活力竞相迸发，让一切军队现代化建设的源泉充分涌流；保持永远在路上的坚韧和执着，运用改革创新的办法解决新情况新问题，坚定不移把改革进行到底。

党提出新时代人民军队使命任务，创新军事战略指导，调整优化军事战略布局，强化人民军队塑造态势、管控危机、遏制战争、打赢战争的战略功能。人民军队紧紧扭住战斗力这个唯一的根本的标准，扭住能打仗、打胜仗这个根本指向，壮大战略力量和新域新质作战力量，加强联合作战指挥体系和能力建设，大力纠治"和平积弊"，大抓实战化军事训练，建设强大稳固的现代边海空防，坚定灵活开展军事斗争，有效应对外部军事挑衅，震慑"台独"分裂行径，遂行边防斗争、海上维权、反恐维稳、抢险救灾、抗击疫情、维和护航、人道主义救援和国际军事合作等重大任务。

党的十八大以来，以习近平同志为核心的党中央深入推进备战打仗。军队是要备战打仗的，抓备战打仗是人民军队的主责主业。习近平主席要求全军紧紧扭住能打仗、打胜仗这个强军之要，牢固树立战斗力这个唯一的根本的标准，把工作重心归正到备战打仗上来。要增强军事战略指导的进取性和主动性，把备战与止战、威慑与实战、战争行动与和平时期军事力量运用作为一个整体加以运筹，研究军事、研究战争、研究打仗，加强联合作战指挥体系和能力建设，做好军事斗争准备各项工作；大抓实战化军事训练，深入推进实战实训、联战联训、科技强训、依法治训；着力建设一切为了打仗的后勤，加快构建适应信息化战争和履行使命要求的武器装备体系。人民军队坚决贯彻习近平主席重要指示，坚持一切工作向能打仗、打胜仗聚焦，坚决做到召之即来、来之能战、战之必胜。

党的十八大以来，在党的坚强领导下，人民军队实现整体性革命性重塑、重整行装再出发，国防实力和经济实力同步提升，一体化国家战略体系和能力加快构建，建立健全退役军人管理保障体制，国防动员更加高效，军政军民团结更加巩固。人民军队坚决履行新时代使命任务，以顽强斗争精神和实际行动捍卫了国家主权、安全、发展利益。

党的十八大以来，人民军队实现整体性革命性重塑

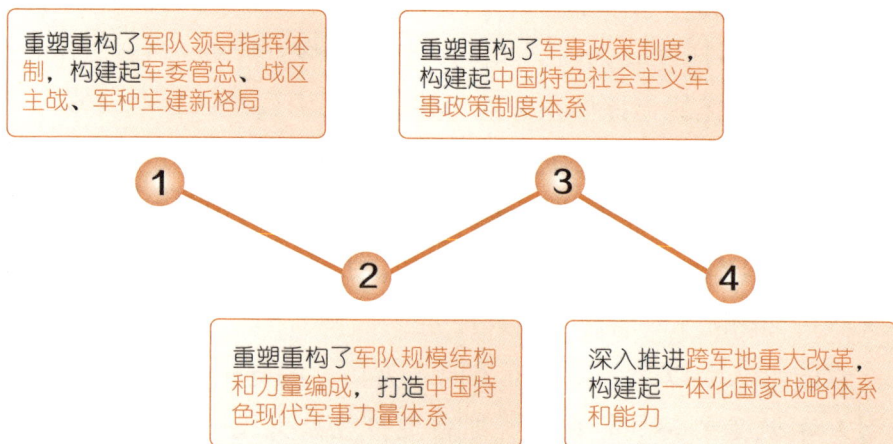

1 重塑重构了军队领导指挥体制，构建起军委管总、战区主战、军种主建新格局

2 重塑重构了军队规模结构和力量编成，打造中国特色现代军事力量体系

3 重塑重构了军事政策制度，构建起中国特色社会主义军事政策制度体系

4 深入推进跨军地重大改革，构建起一体化国家战略体系和能力

（十一）在维护国家安全上

改革开放以后，党高度重视正确处理改革发展稳定关系，把维护国家安全和社会安定作为党和国家的一项基础性工作来抓，为改革开放和社会主义现代化建设营造了良好安全环境。进入新时代，我国面临更为严峻的国家安全形势，外部压力前所未有，传统安全威胁和非传统安全威胁相互交织，"黑天鹅"、"灰犀牛"事件时有发生。同形势任务要求相比，我国维护国家安全能力不足，应对各种重大风险能力不强，维护国家安全的统筹协调机制不健全。党中央强调，国泰民安是人民群众最基本、最普遍的愿望。必须坚持底线思维、居安思危、未雨绸缪，坚持国家利益至上，以人民安全为宗旨，以政治安全为根本，以经济安全为基础，以军事、科技、文化、社会安全为保障，以促进国际安全为依托，统筹发展和安全，统筹开放和安全，统筹传统安全和非传统安全，统筹自身安全和共同安全，统筹维护国家

权威声音

习近平（中共中央总书记、国家主席、中央军委主席）：我们党诞生于国家内忧外患、民族危难之时，对国家安全的重要性有着刻骨铭心的认识。新中国成立以来，党中央对发展和安全高度重视，始终把维护国家安全工作紧紧抓在手上。党的十八大以来，党中央加强对国家安全工作的集中统一领导，把坚持总体国家安全观纳入坚持和发展中国特色社会主义基本方略，从全局和战略高度对国家安全作出一系列重大决策部署，强化国家安全工作顶层设计，完善各重要领域国家安全政策，健全国家安全法律法规，有效应对了一系列重大风险挑战，保持了我国国家安全大局稳定。

安全和塑造国家安全。

习近平同志强调保证国家安全是头等大事，提出总体国家安全观，涵盖政治、军事、国土、经济、文化、社会、科技、网络、生态、资源、核、海外利益、太空、深海、极地、生物等诸多领域，要求全党增强斗争精神、提高斗争本领，落实防范化解各种风险的领导责任和工作责任。党中央深刻认识到，面对来自外部的各种围堵、打压、捣乱、颠覆活动，必须发扬不信邪、不怕鬼的精神，同企图颠覆中国共产党领导和我国社会主义制度、企图迟滞甚至阻断中华民族伟大复兴进程的一切势力斗争到底，一味退让只能换来得寸进尺的霸凌，委曲求全只能招致更为屈辱的境况。

坚持总体国家安全观是新时代坚持和发展中国特色社会主义基本方略之一。坚持总体国家安全观，既是习近平新时代中国特色社会主义思想的重要组成部分，又是落实习近平新时代中国特色社会主义思想的实践要求。一是坚持政治安全、人民安全、国家利益至上有机统一。习近平总书记强调："当前我国国家安全内涵和外延比历史上任何时候都要丰富，时空领域比历史上任何时候都要宽广，内外因素比历史上任何时候都要复杂，必须坚持总体国家安全观，以人民安全为宗旨，以政治安全为根本，以经济安全为基础，以军事、文化、社会安全为保障，以促进国际安全为依托，走出一条中国特色国家安全道路。"只有坚持政治安全、人民安全、国家利益至上有机统一，才能实现党长期执政、国家长治久安、人民安居乐业。二是坚持统筹发展和安全两件大事。发展和安全是鸟之两翼、车之双轮。发展是安全的基础，安全是发展的条件。统筹抓好这两件大事，既要求善于运用发展成果夯实国家安全的实力基础，又要求善于塑造有利于经济社会发展的安全环境，做到坚持发展不停步、维护安全不懈怠。三是科学把握国家安全的全面性和系统性。总体国家安全观强调"大安全"，不仅包括政治、军事、国土等传统安全，而且包括经济、文化、社会、

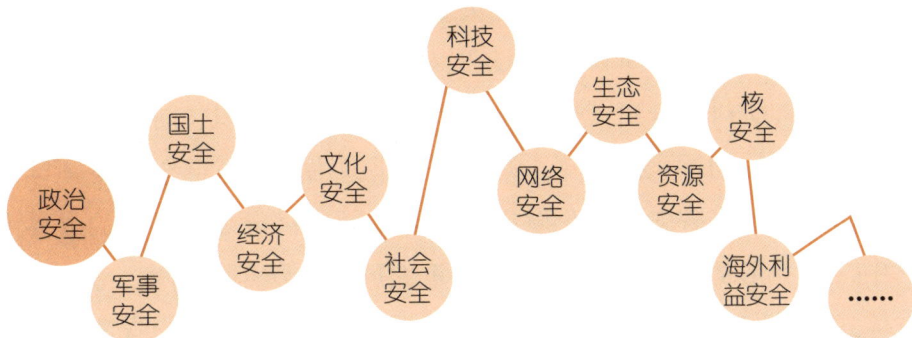

坚定维护重点领域国家安全

科技、网络、生态、资源、核、海外利益等非传统安全；不仅包括当下安全领域，而且包括太空、深海、极地、生物等新型领域；不仅包括物的安全，也包括人的安全。贯彻好总体国家安全观，既要着力推进新时代国家安全全面发展进步，又要把维护重点领域国家安全作为主阵地、主战场，着重抓好政治安全、国土安全、经济安全、社会安全、网络安全、外部安全等工作。

党着力推进国家安全体系和能力建设，设立中央国家安全委员会，完善集中统一、高效权威的国家安全领导体制，完善国家安全法治体系、战略体系和政策体系，建立国家安全工作协调机制和应急管理机制。党把安全发展贯穿国家发展各领域全过程，注重防范化解影响我国现代化进程的重大风险，坚定维护国家政权安全、制度安全、意识形态安全，加强国家安全宣传教育和全民国防教育，巩固国家安全人民防线，推进兴边富民、稳边固边，严密防范和严厉打击敌对势力渗透、破坏、颠覆、分裂活动，顶住和反击外部极端打压遏制，开展涉港、涉台、涉疆、涉藏、涉海等斗争，加快建设海洋强国，有效维护国家安全。

党的十八大以来，以习近平同志为核心的党中央始终把防范化解重大风险作为维护国家安全的重中之重。在党的十九大报告中，习近平总书记把防范化解重大风险摆在打好三大攻坚战的首位；2018年1月，习近平总书记在新进中央委员会的委员、候补委员和省部级主要领导干部学习贯彻习近平新时代中国特色社会主义思想和党的十九大精神研讨班开班式上，专门讲了增强忧患意识、防范风险挑战要一以贯之的问题；2019年1月，习近平总书记在省部级主要领导干部坚持底线思维着力防范化解重大风险专题研讨班开班式上的重要讲话中，对新形势下党和国家面临的重大风险，作了多角度、全方位、立体式的系统阐述。习近平总书记的一系列重要论述，为党和国家有效应对重大风险提供了强大思想武器和行动指南。

党的十八大以来，国家安全得到全面加强，经受住了来自政治、经济、意识形态、自然界等方面的风险挑战考验，为党和国家兴旺发达、长治久安提供了有力保证。

（十二）在坚持"一国两制"和推进祖国统一上

香港、澳门回归祖国后，重新纳入国家治理体系，走上了同祖国内地优势互补、共同发展的宽广道路，"一国两制"实践取得举世公认的成功。同时，一个时期，受各种内外复杂因素影响，"反中乱港"活动猖獗，香港局势一度出现严峻局面。党中央强调，必须全面准确、坚定不移贯彻"一国两制"方针，坚持和完善"一国两制"制度体系，坚持依法治港治澳，维护宪法和基本法确定的特别行政区宪制秩序，落实中央对特别行政区全面管治权，坚定落实"爱国者治港"、"爱国者治澳"。

"一国两制"方针是指在一个中国的前提下，国家的主体坚持社会主义制度，香港、澳门、台湾保持原有的资本主义制度长期不变。"一国两制"是我国的一项基本国策，是中华民族对人类政治文明的独特贡献。

党中央审时度势，作出健全中央依照宪法和基本法对特别行政区行使全面管治权、完善特别行政区同宪法和基本法实施相关制度机制的重大决策，推动建立健全特别行政区维护国家安全的法律制度和执行机制、制定《中华人民共和国香港特别行政区维护国家安全法》、完善香港特别行政区选举制度，落实"爱国者治港"原则，支持特别行政区完善公职人员宣誓制度。中央人民政府依法设立驻香港特别行政区维护国家安全公署，香港特别行政区依法设立维护国家安全委员会。中央坚定支持香港特别行政区依法止暴制乱、恢复秩序，支持行政长官和特别行政区政府依法施政，坚决防范和遏制外部势力干预港澳事务，严厉打击分裂、颠覆、渗透、破坏活动。全面支持香港、澳门更好融入国家发展大局，高质量建设粤港澳大湾区，支持港澳发展经济、改善民生，增强港澳同胞国家意识和爱国精神。这一系列标本兼治的举措，推动香港局势实现由乱到治的重大转折，为推进依法治港治澳、促进"一国两制"实践行稳致远打下了坚实基础。

这一系列标本兼治的治港治澳重大举措，是全面准确、坚定不移贯彻"一国两制"方针的必然选择。推动香港局势实现由乱到治的重大转折充分表明，只有全面准确、坚定不移贯彻"一国两制"方针，香港、澳门才能保持长期繁荣稳定。

解决台湾问题、实现祖国完全统一，是党矢志不渝的历史任务，是全体中华儿女的共同愿望，是实现中华民族伟大复兴的必然要求。党把握两岸关系时代变化，丰富和发展国家统一理论和对台方针政策，推动两岸关系朝着正确方向发展。习近平同志就对台工作提出一系列重要理念、重大政策主张，形成新时代党解决台湾问题的总体方略。我们推动实现 1949 年以来两岸领导人首次会晤、两岸领导人直接对话沟通。党秉持"两岸一家亲"理念，推动两岸关系和平发展，出台一系列惠及广大台胞的政策，加强两岸经济文化交流合作。2016年以来，台湾当局加紧进行"台独"分裂活动，致使两岸关系和平发展势头受到严重冲击。我们坚持一个中国原则和"九二共识"，坚决反对"台独"分裂行径，坚决反对外部势力干涉，牢牢把握两岸关系主导权和主动权。祖国完全统一的时和势始终在我们这一边。

党的十八大以来，以习近平同志为核心的党中央围绕反对"台独"采取了一系列重大举措，取得了新的重大进展。坚决反对"台独"分裂势力及其活动，就是指绝不允许任何人、任何组织、任何政党，在任何时候、以任何形式把台湾从中国分裂出去。反对和遏制"台独"，是实现祖国统一的需要，是促进两岸关系和平发展、保持台海和平的需要，也是促进地区和平发展乃至世界和平发展的需要。随着新时代中国特色社会主义发展战略安排的推进，祖国大陆将不断增强对台湾社会的影响力、吸引力，不断增强对两岸关系发展的牵引力、主导权，从根本上决定着两岸关系的走向。

完全可以预期，在以习近平同志为核心的党中央坚强领导下，新时代对台工作必将展现全新气象，祖国统一进程必将阔步向前，伟大的中华民族必将迎来祖国完全统一的那一刻。

实践证明，有中国共产党的坚强领导，有伟大祖国的坚强支撑，有全国各族人民包括香港特别行政区同胞、澳门特别行政区同胞和台湾同胞的同心协力，香港、澳门长期繁荣稳定一定能够保持，祖国完全统一一定能够实现。

（十三）在外交工作上

改革开放以后，党坚持独立自主的和平外交政策，为我国发展营造了良好外部环境，为人类进步事业作出重大贡献。进入新时代，国际力量对比深刻调整，单边主义、保护主义、霸权主义、强权政治对世界和平与发展威胁上升，逆全球化思潮上升，世界进入动荡变革期。党中央强调，面对复杂严峻的国际形势和前所未有的外部风险挑战，必须统筹国内国际两个大局，健全党对外事工作领导体制机制，加强对外工作顶层设计，对中国特色大国外交作出战略谋划，推动建

人类命运共同体理念获得国际认同

2017年2月10日 首次载入 联合国决议

首次载入 联合国安理会决议 2017年3月17日

2017年3月23日 首次载入 联合国人权理事会决议

世界经济论坛年会发扬光大 2018年

设新型国际关系，推动构建人类命运共同体，弘扬和平、发展、公平、正义、民主、自由的全人类共同价值，引领人类进步潮流。

构建人类命运共同体，是马克思主义中国化时代化的最新成果之一，科学回答了"世界向何处去、人类怎么办"的时代之问，体现了全人类共同价值追求，反映了中国发展与世界发展的高度统一，对中国和平发展、世界繁荣进步都具有重大而深远的意义。构建人类命运共同体，具有鲜明的真理性、时代性、实践性，是习近平新时代中国特色社会主义思想和习近平外交思想的重要组成部分，是一个立意高远、思想深邃、内涵丰富的科学理论体系，展现了胸怀天下、面向未来，大道之行、天下为公的宽阔胸襟。构建人类命运共同体，不仅被写入党的十九大报告，被载入党章和宪法，而且被写入联合国、上海合作组织等多边机制重要文件，反映了各国人民的共同心声，凝聚着国际社会的广泛共识，其深远影响正在持续扩大，并将随着中国和世界的发展进一步彰显。

党把握新时代外交工作大局，紧扣服务民族复兴、促进人类进步这条主线，高举和平、发展、合作、共赢的旗帜，推进和完善全方位、多层次、立体化的外交布局，积极发展全球伙伴关系。我们运筹大国关系，推进大国协调和合作。按照亲诚惠容理念和与邻为善、以邻为伴的周边外交方针深化同周边国家关系，稳定周边战略依托，打造周边命运共同体。秉持正确义利观和真实亲诚理念加强同广大发展中国家团结合作，整体合作机制实现全覆盖。党同世界上 500 多个政党和政治组织保持经常性联系，深化政党交流合作。适应"走出去"日益扩大的新形势，不断完善海外利益保护体系，有力应对了一系列海外利益风险挑战。

习近平总书记指出："中国共产党是为中国人民谋幸福的党，也是为人类进步事业而奋斗的党。"党的十八大以来，以习近平同志为核心的党中央在提出实现中华民族伟大复兴中国梦的同时，旗帜鲜明地提出要推动构建人类命运共同体，坚定做世界和平的建设者、全球发展的贡献者、国际秩序的维护者，充分体现了中国共产党自强不息、兼济天下的博大胸怀和愿为人类作出更大贡献的使命担当。

我国积极参与全球治理体系改革和建设，维护以联合国为核心的国际体系、以国际法为基础的国际秩序、以联合国宪章宗旨和原则为基础的国际关系基本准则，维护和践行真正的多边主义，坚决反对单边主义、保护主义、霸权主义、强权政治，积极推动经济全球化朝着更加开放、包容、普惠、平衡、共赢的方向发展。我国建设性参与国际和地区热点问题政治解决，在气候变化、减贫、反恐、网络安全和维护地区安全等领域发挥积极作用。我国开展抗击新冠肺炎疫情国际合作，发起新中国成立以来最大规模的全球紧急人道主义行动，向众多国家特别是发展中国家提供物资援助、医疗支持、疫苗援助和合作，展现负责任大国形象。

面对突如其来的新冠肺炎疫情，习近平总书记强调："流行性疾病不分国界和种族，是人类共同的敌人。国际社会只有共同应对，才

2020年，习近平主席在第73届世界卫生大会视频会议开幕式上宣布推进全球抗疫合作的实际举措

- 中国将在两年内提供20亿美元国际援助，用于支持受疫情影响的国家特别是发展中国家抗疫斗争以及经济社会恢复发展

- 中国将同联合国合作，在华设立全球人道主义应急仓库和枢纽，努力确保抗疫物资供应链，并建立运输和清关绿色通道

- 中国将建立30个中非对口医院合作机制，加快建设非洲疾控中心总部，助力非洲提升疾病防控能力

- 中国新冠疫苗研发完成并投入使用后，将作为全球公共产品，为实现疫苗在发展中国家的可及性和可担负性作出中国贡献

- 中国将同二十国集团成员一道落实"暂缓最贫困国家债务偿付倡议"，并愿同国际社会一道，加大对疫情特别重、压力特别大的国家的支持力度，帮助其克服当前困难

能战而胜之。"党中央坚持把人民生命安全和身体健康放在第一位，全力做好常态化精准防控和局部应急处置，坚决打赢疫情防控的人民战争、总体战、阻击战。我国积极推进国际抗疫合作，支持世界卫生组织发挥领导作用，加强国际联防联控，坚决遏制疫情蔓延。我国倡导完善全球疾病预防控制体系，提高监测预警和应急反应能力、重大疫情救治能力、应急物资储备和保障能力、打击虚假信息能力、向发展中国家提供支持能力。我国支持和参与全球疫情科学溯源，坚决反对任何形式的政治操弄。我国发起了新中国历史上援助时间最集中、涉及范围最广的紧急人道主义行动，向发展中国家抗疫和恢复经济社会发展提供援助，推动疫苗成为发展中国家用得上、用得起的公共产

品，为促进全球公共卫生安全、维护世界各国人民生命权健康权作出了不可磨灭的贡献。

经过持续努力，中国特色大国外交全面推进，构建人类命运共同体成为引领时代潮流和人类前进方向的鲜明旗帜，我国外交在世界大变局中开创新局、在世界乱局中化危为机，我国国际影响力、感召力、塑造力显著提升。

党的十八大以来，在习近平总书记的亲自擘画和指挥下，党对对外工作的集中统一领导制度体系更加完善，统筹协调更加有力，政党、政府、人大、政协、军队、地方、民间等方面对外工作大协同更

权威评论

王毅（国务委员兼外交部部长）：党的十八大以来，习近平总书记以马克思主义政治家、思想家、战略家的卓越政治智慧、非凡理论勇气，洞察时代风云、把握时代脉搏、引领时代潮流，在对外工作领域提出一系列具有开创性意义的新理念新思想新战略，形成了习近平外交思想。这一重要思想是习近平新时代中国特色社会主义思想的重要组成部分，是马克思主义基本原理同中国特色大国外交实践相结合的重大理论成果，是以习近平同志为核心的党中央治国理政思想在外交领域的集中体现，是新时代我国对外工作的根本遵循和行动指南……在外交工作方面，正是由于有习近平总书记的亲自把舵，有习近平外交思想的方向领航，我们才能在纷繁复杂的世界乱局中科学判断时代发展大势，精准辨析国际体系转型过渡期与我国发展历史交汇期的阶段性特征，准确把握我国发展所处的新的历史方位，明确以实现中华民族伟大复兴为使命推进新时代中国特色大国外交。

加顺畅；我国的外交战略布局更加完善，全方位、多层次、宽领域、立体化的全球伙伴关系网络基本形成；外交工作服务国家发展大局更加高效，推动并实现了更大范围、更宽领域、更深层次的对外开放和互利合作格局。面对反华势力在台湾、涉港、涉疆、涉藏、涉海、人权等一系列问题上的攻击抹黑，面对国际上单边主义、保护主义、霸凌主义再度抬头，展开了针锋相对的斗争，有力捍卫了国家主权、安全、发展利益，为全面建成小康社会、进而全面建设社会主义现代化国家创造了总体有利的外部环境。习近平外交思想指引中国外交在世界大变局中开创新局，我国国际影响力、感召力、塑造力显著提升。

总之，党的十八大以来，以习近平同志为核心的党中央领导全党全军全国各族人民砥砺前行，全面建成小康社会目标如期实现，党和国家事业取得历史性成就、发生历史性变革，彰显了中国特色社会主义的强大生机活力，党心军心民心空前凝聚振奋，为实现中华民族伟大复兴提供了更为完善的制度保证、更为坚实的物质基础、更为主动的精神力量。中国共产党和中国人民以英勇顽强的奋斗向世界庄严宣告，中华民族迎来了从站起来、富起来到强起来的伟大飞跃。

在新的历史起点上，党的外事工作要坚持以习近平新时代中国特色社会主义思想为指导，深入贯彻习近平外交思想，坚持不懈推动构建人类命运共同体，为服务中华民族伟大复兴、促进人类进步不断作出新的更大贡献。

第六讲

中国共产党百年奋斗的历史意义

100 年来，党始终践行初心使命，团结带领全国各族人民绘就了人类发展史上的壮美画卷，中华民族伟大复兴展现出前所未有的光明前景。《决议》在全面回顾总结党的百年奋斗历程和重大成就基础上，以更宏阔的视角，从五个方面深刻、系统阐述了党对中国人民、对中华民族、对马克思主义、对人类进步事业、对马克思主义政党建设所作的历史性贡献，深刻揭示了党百年奋斗的重大历史意义和价值所在。这是我们党对自己百年奋斗的历史意义最具穿透力的概括和表达。这五个方面的概括，既反映中国实践，又放眼世界发展，体现了中国共产党和中华民族、世界人民的关系，体现了中国共产党百年历史和马克思主义发展史、社会主义发展史、人类社会历史的深刻关系，彰显了中国共产党百年奋斗的理论意义、实践意义、历史意义。

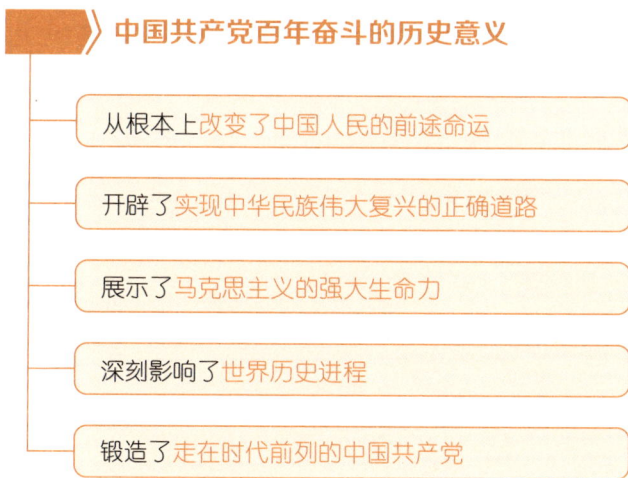

中国共产党百年奋斗的历史意义

- 从根本上改变了中国人民的前途命运
- 开辟了实现中华民族伟大复兴的正确道路
- 展示了马克思主义的强大生命力
- 深刻影响了世界历史进程
- 锻造了走在时代前列的中国共产党

一、党的百年奋斗从根本上改变了
中国人民的前途命运

近代以后，中国人民深受三座大山压迫，被西方列强辱为"东亚病夫"。100年来，党领导人民经过波澜壮阔的伟大斗争，中国人民彻底摆脱了被欺负、被压迫、被奴役的命运，成为国家、社会和自己命运的主人，人民民主不断发展，14亿多人口实现全面小康，中国人民对美好生活的向往不断变为现实。今天，中国人民更加自信、自立、自强，极大增强了志气、骨气、底气，在历史进程中积累的强大能量充分爆发出来，焕发出前所未有的历史主动精神、历史创造精神，正在信心百倍书写着新时代中国发展的伟大历史。

在百年接续奋斗中，中国共产党团结带领人民开辟了伟大道路、建立了伟大功业、铸就了伟大精神、积累了宝贵经验，谱写了艰苦卓绝的奋斗凯歌，创造了彪炳史册的人间奇迹。

中国共产党把为中国人民谋幸福、为中华民族谋复兴作为始终如一的初心和使命，团结带领中国人民战胜一个又一个艰难险阻，谱写了感天动地的壮丽诗篇。今天，植根于中国大地的民主制度不断完善，人民民主不断发展，创新源泉充分涌流，创造活力竞相迸发，人民群众依法通过民主选举、民主协商、民主决策、民主管理、民主监督等多种形式参与国家和社会事务管理，享受着前所未有的各项

权威评论

李毅［中共中央党校（国家行政学院）副校（院）长］：实现共同富裕，是循序渐进发展的过程。推进共同富裕，既要千方百计做大做好"蛋糕"，也要公平合理分好"蛋糕"；既要不断满足人民群众对美好生活的向往，也要不断满足人民群众多样化、多层次、多方面的精神文化需求，促进社会和谐稳定、人民安居乐业，使广大人民群众获得感、幸福感、安全感更加充实、更有保障、更可持续。

权利。

习近平总书记指出："人民对美好生活的向往，就是我们的奋斗目标。"中国共产党的百年奋斗，都是为了让人民过上幸福生活。100年来，中华大地发生了翻天覆地的历史巨变，中国综合实力和国际影响力显著提升，人民过上了几千年来梦寐以求的美好生活，向着共同富裕的美好明天不断前进。

特别是党的十八大以来，以习近平同志为核心的党中央统筹推进"五位一体"总体布局、协调推进"四个全面"战略布局，坚持和完善中国特色社会主义制度、推进国家治理体系和治理能力现代化，解决了许多长期想解决而没有解决的难题，办成了许多过去想办而没有办成的大事，取得了改革开放和社会主义现代化建设的历史性成就，推动党和国家事业发生了历史性变革。从 2012 年到 2020 年，我国国内生产总值从 51.9470 万亿元增加到 101.5986 万亿元，经济总量稳居

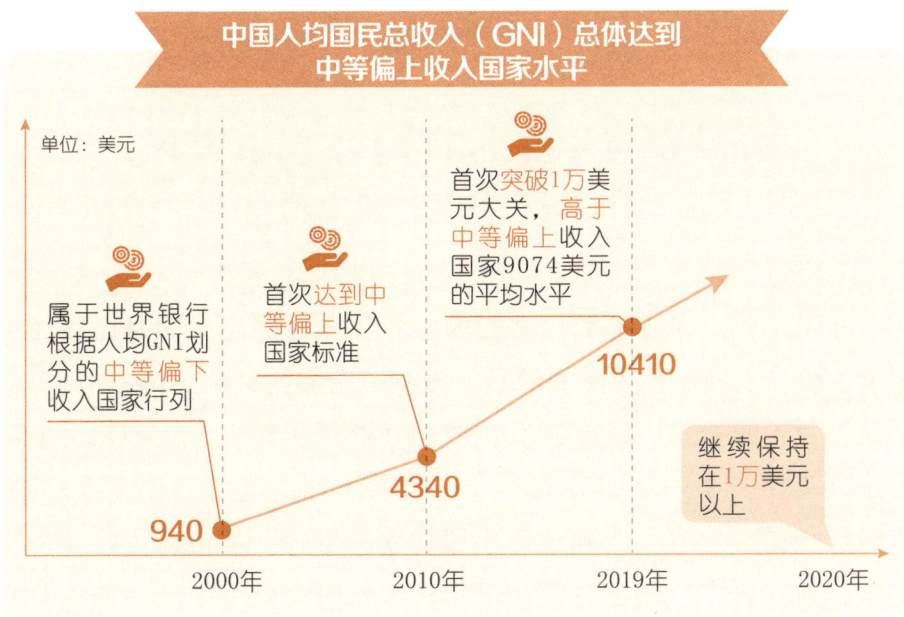

中国人均国民总收入（GNI）总体达到中等偏上收入国家水平

单位：美元

属于世界银行根据人均GNI划分的中等偏下收入国家行列

首次达到中等偏上收入国家标准

首次突破1万美元大关，高于中等偏上收入国家9074美元的平均水平

10410

继续保持在1万美元以上

940

4340

2000年　　2010年　　2019年　　2020年

数据来源：《人民日报》

世界第二。中国人民从总体小康到全面小康，过上了日益富足的生活，获得感、幸福感、安全感不断增强，生存权、发展权有效保障。人均国民总收入处于中等偏上收入经济体行列，正在向高收入国家迈进。文化事业和文化产业繁荣发展，人民的精神生活更加丰富、更加活跃。生态文明建设取得丰硕成果，人民生活的家园天更蓝、山更绿、水更清。

人民精神面貌发生由内而外的深刻变化，中国人民不仅在物质上富了起来，也在精神上强了起来，意气风发地迈向更加美好的未来。中国人民可以平视世界，道路自信、理论自信、制度自信、文化自信极大增强，共产党好、社会主义好、改革开放好、伟大祖国好、各族人民好的时代主旋律高亢响亮，中国特色社会主义和中国梦深入人心。爱国主义精神、改革创新精神、新时代奋斗精神广泛弘扬，社会主义核心价值观传播践行，中华优秀传统文化传承发展，全社会充满向美向上向善的正能量。中国人民天下一家的情怀更加彰显，希望世界更加和平、各国人民生活更加美好。

二、党的百年奋斗开辟了实现中华民族伟大复兴的正确道路

近代以后，创造了灿烂文明的中华民族遭遇到文明难以赓续的深重危机，呈现在世界面前的是一派衰败凋零的景象。100 年来，党领导人民不懈奋斗、不断进取，成功开辟了实现中华民族伟大复兴的正确道路。中国从四分五裂、一盘散沙到高度统一、民族团结，从积贫积弱、一穷二白到全面小康、繁荣富强，从被动挨打、饱受欺凌到独立自主、坚定自信，仅用几十年时间就走完发达国家几百年走过的工业化历程，创造了经济快速发展和社会长期稳定两大奇

迹。今天，中华民族向世界展现的是一派欣欣向荣的气象，巍然屹立于世界东方。

中国特色社会主义制度是人类制度文明史上的伟大创造。中华民族是世界上伟大的民族，中华文明是世界上唯一没有中断的文明。鸦片战争后，由于西方列强的入侵和封建统治的腐败，中华民族陷入了黑暗深渊，中华文明遭受了深重危机。中国共产党一经成立，就义无反顾肩负起实现中华民族伟大复兴的历史使命。经过中国共产党团结带领人民进行的艰苦卓绝的百年奋斗，中华民族实现了从几千年封建专制政治向人民民主的伟大飞跃，实现了由不断衰落到根本扭转命运、持续走向繁荣富强的伟大飞跃，中华文明绽放出风采夺目、无比耀眼的新光芒。正如习近平总书记指出的，"中国共产党领导中国人民取得的伟大胜利，使具有 5000 多年文明历史的中华民族全面迈向现代化，让中华文明在现代化进程中焕发出新的蓬勃生机"。

在长期实践探索中，我们党团结带领全国各族人民坚持独立自主走自己的路，开辟了新民主主义革命道路，开辟了社会主义革命和建设道路，开辟了中国特色社会主义道路，推动中国特色社会主义进入新时代，创造了新民主主义革命的伟大成就，创造了社会主义革命和建设的伟大成就，创造了改革开放和社会主义现代化建设的伟大成就，创造了新时代中国特色社会主义的伟大成就，中华民族迎来了从站起来、富起来到强起来的伟大飞跃，开始了实现中华民族伟大复兴的征程。

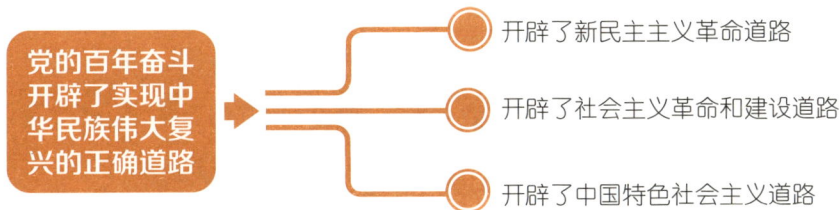

党的百年奋斗开辟了实现中华民族伟大复兴的正确道路

- 开辟了新民主主义革命道路
- 开辟了社会主义革命和建设道路
- 开辟了中国特色社会主义道路

中华民族之所以能迎来从站起来、富起来到强起来的伟大飞跃，最根本的是因为党领导人民探索形成的中国特色社会主义道路。中国特色社会主义是党和人民历经千辛万苦、付出巨大代价取得的根本成就。中国特色社会主义道路寄托了几代中国共产党人的奋斗和追求，凝聚着无数仁人志士的鲜血和牺牲。中国特色社会主义道路是植根于中国大地、包含了人民期盼的科学道路，也是通向中华民族伟大复兴的唯一正确道路。从伟大实践中的伟大创造看，在中华人民共和国成立 70 多年的持续探索中，在改革开放 40 多年的成功实践中，我们最终找到了中国特色社会主义这一实现中华民族伟大复兴的正确道路。历史和实践充分证明，只有社会主义才能救中国，只有社会主义才能发展中国，只有坚持和发展中国特色社会主义才能实现中华民族伟大复兴。

在 100 年的非凡奋斗历程中，中国共产党团结带领中国人民创造了人类发展的奇迹。中国从一穷二白发展成为经济总量超过 100 万亿元的世界第二大经济体。这是经济快速发展的奇迹。中国社会在现代化的急剧变革中保持和谐稳定，中国人民安居乐业，中国成为世界上

📡 权威评论

曲青山（中共中央党史和文献研究院院长）：中国特色社会主义在改革开放中创立形成，在改革开放中谱写了一个又一个崭新的篇章。中国特色社会主义是党和人民长期奋斗、创造、积累的根本成就，是改革开放以来党的全部理论和实践的主题。新时代中国特色社会主义是党领导人民进行伟大社会革命的成果，又是党领导人民进行伟大社会革命的继续。推进中国特色社会主义伟大事业任重而道远，改革开放只有进行时，没有完成时。

最有安全感的国家之一。这是社会长期稳定的奇迹。

新中国成立 70 多年来，我国国内生产总值从 1952 年的 679.1 亿元跃升至 2020 年的 101.6 万亿元，实际增长约 189 倍；国内生产总值，1986 年首次超过 1 万亿元；2000 年超过意大利，成为世界第六大经济体；2005 年超过法国，成为世界第五大经济体；2006 年超过英国，成为世界第四大经济体；2007 年超过德国，成为世界第三大经济体；2010 年超过日本，成为世界第二大经济体。2020 年，我国经济总量已经超过美国的 70%；国内生产总值占世界的比重，从 1978 年的 1.7% 多上升到 2020 年的约 17%。我们党领导全国各族人民用几十年时间走完了发达国家几百年走过的工业化历程，创造了经济发展的"中国奇迹"。1953 年，全国 83.1% 的劳动力从事农业生产，工业就业人数的比重仅为 8.0%，工业增加值占国内生产总值的比重仅为 17.6%。我国通过 20 世纪 50 年代的 156 个重点工业项目、六七十年

我国国内生产总值稳居世界第二位

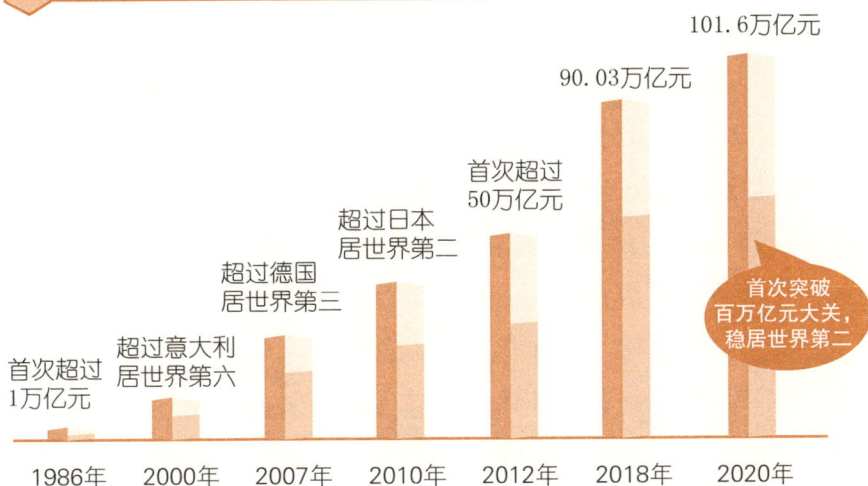

101.6万亿元

90.03万亿元

首次超过
50万亿元

超过日本
居世界第二

超过德国
居世界第三

超过意大利
居世界第六

首次超过
1万亿元

首次突破
百万亿元大关，
稳居世界第二

1986年　2000年　2007年　2010年　2012年　2018年　2020年

数据来源：国家统计局网站

代的三线建设布局、70 年代的两次大规模技术引进，基本建立了独立的、比较完整的工业体系。改革开放后，社会主义市场经济体制得到确立，宏观调控模式持续优化；国有企业建立现代企业制度，不断做优做大做强；民营经济蓬勃发展，在产业发展中占据重要地位；对外开放向全面纵深发展，逐步形成全方位、多层次、宽领域的对外开放新格局。我国主要工业产品产量飞速增长，产业国际竞争力显著增强。根据世界银行的统计，按现价美元测算，我国制造业增加值 2010 年超过美国，位列世界第一，占全球比重达到 17.6%。2020 年，我国制造业增加值全球比重达到近 30%，连续 11 年位居世界第一。这些变化深刻改变了全球制造业乃至全球经济发展的格局。我国工业拥有 41 个大类、207 个中类、666 个小类，是全世界唯一拥有联合国产业分类中所列全部工业门类的国家。2020 年，我国已有 220 多种工业产品产量居世界第一位。高技术制造业占规模以上工业增加值比重从 2012 年的 9.4% 提高到 2020 年的 15.1%，装备制造业占规模以上工业增加值比重提高到 33.7%。光伏、新能源汽车、家电、智能手机等重点产业跻身世界前列，通信设备、高铁等领域的一批高端品牌走向全球。2021 年 8 月美国《财富》杂志发布的"2021 财富世界 500 强企业榜"中，我国工业领域企业有 73 家入围，"中国制造"在全球产业链供应链中的影响力持续攀升。

稳定是发展的基础，是人民安居乐业的条件。在党的领导下，我国社会长期稳定。从社会管理到社会治理，从加快形成科学有效的社会治理体制到打造共建共治共享的社会治理格局，社会治理的社会化、法治化、智能化、专业化水平不断提升，建设更高水平的平安中国成效显著。社会治安防控体系持续完善，防控触角延伸到"最后一公里"，人民群众的安全感和满意度显著提高。扫黑除恶专项斗争深入开展，打"网"破"伞"重拳出击，黑恶势力被有效铲除，黑恶犯罪得到根本遏制，社会治安环境显著改善，法治权威充分彰显，人民

中国人民的安全感和幸福感大幅提升

2020 年

全国群众安全指数为 **98.4%**

据国际知名民调机构益普索集团发布的2020年度全球幸福感调查报告，中国是参与此次调查的国家中幸福指数最高的，感到非常幸福或比较幸福的中国人比例高达**93%**

数据来源：中国新闻网、中国日报网

群众拍手称快。小事不出村、大事不出镇、矛盾不上交，基层社会矛盾预防和化解能力显著增强。网格化管理、精细化服务、信息化支撑、开放共享的基层管理服务体系不断完善，基层治理新格局逐步形成，市域社会治理现代化稳步推进，社会治理整体效能显著提升。2020 年，全国群众安全感为 98.4%。中国长期保持社会和谐稳定、人民安居乐业，成为国际社会公认的最有安全感的国家之一。国际知名民调机构统计显示，2020 年中国是参与调查国家中幸福指数最高的，感到非常幸福或比较幸福的中国人比例高达 93%。今天的中国，是一个和睦的中国，中华民族共同体意识显著增强。56 个民族像石榴籽一样紧紧抱在一起，各民族相互离不开，"中华民族一家亲，同心共筑中国梦"成为新时代民族团结进步的生动写照。

中国特色社会主义是理论逻辑和历史逻辑的科学统一，是当代中国发展进步的根本方向。深入贯彻落实习近平新时代中国特色社会主义思想，必将开辟中国特色社会主义发展的广阔前景。

三、党的百年奋斗展示了马克思主义的
强大生命力

　　马克思主义揭示了人类社会发展规律，是认识世界、改造世界的科学真理。同时，坚持和发展马克思主义，从理论到实践都需要全世界的马克思主义者进行极为艰巨、极具挑战性的努力。100 年来，党坚持把马克思主义写在自己的旗帜上，不断推进马克思主义中国化时代化，用博大胸怀吸收人类创造的一切优秀文明成果，用马克思主义中国化的科学理论引领伟大实践。马克思主义的科学性和真理性在中国得到充分检验，马克思主义的人民性和实践性在中国得到充分贯彻，马克思主义的开放性和时代性在中国得到充分彰显。马克思主义中国化时代化不断取得成功，使马克思主义以崭新形象展现在世界上，使世界范围内社会主义和资本主义两种意识形态、两种社会制度的历史演进及其较量发生了有利于社会主义的重大转变。

　　习近平总书记在庆祝中国共产党成立 100 周年大会上的重要讲话中指出：“中国共产党为什么能，中国特色社会主义为什么好，归根到底是因为马克思主义行！”这科学揭示了百年来我们党为什么能够

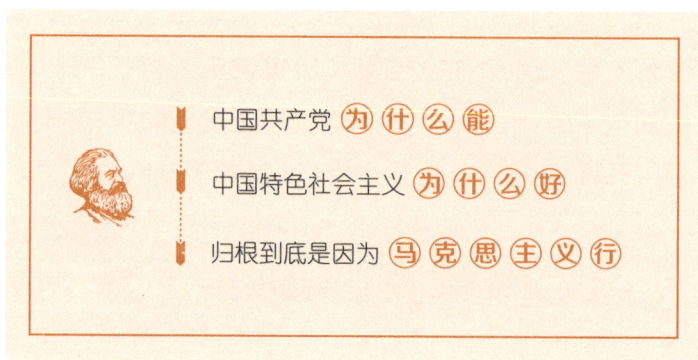

中国共产党 **为什么能**

中国特色社会主义 **为什么好**

归根到底是因为 **马克思主义行**

成功，深刻阐发了未来我们怎样才能继续成功，为我们党更加坚定、更加自觉地践行初心使命，带领全国各族人民开创美好未来指明了方向、提供了遵循。

马克思主义是中国共产党的根本指导思想，是党的灵魂，是指引党不断前行的光辉旗帜。党的奋斗历史，就是不断推进马克思主义中国化的历史，就是不断推进理论创新、进行理论创造的理论探索史。

马克思主义深刻揭示了自然界、人类社会、人类思维发展的普遍规律，为人类社会发展进步指明了方向，极大推进了人类文明进程。马克思主义提出的共产主义、社会主义理想，与中华文明重民本、尚和合、求大同的理念相契合，与中国历代有志之士追求民富国强的梦想相适应，与近代以来中国先进分子救亡图存的愿望相一致。更为可贵的是，马克思主义不仅提出了共产主义的远大理想，而且指明了实现这个理想的方法和路径。马克思主义传入中国后，中国共产党的早期创立者，经过亲身实践、审慎思考、反复推求，选择了马克思主

权威评论

陈先达（中国人民大学哲学院教授）：马克思主义不是教条，而是科学的、人民的、实践的、不断发展的开放的理论，始终站在时代前沿。它源于特定时代而又超越时代，随着实践的变化而发展。马克思主义基本原理宛如一把"万能钥匙"，但如果没有"锁"它也难以发挥应有的作用。"锁"就是问题，存在于实践中，存在于各门学科中。做新时代马克思主义者，就要坚持理论联系实际，通过学习马克思主义基本原理，树立正确的世界观和方法论，学会分析问题、解决问题，学会"开锁"，而不是仅仅把"万能钥匙"放在手中把玩。

义。中国共产党人一旦选择了马克思主义，就一以贯之、坚定不移地坚持它、发展它、维护它，从来没有动摇过、改变过、放弃过。

马克思主义的强大生命力，在于其真理性和科学性。中国共产党始终把马克思主义作为自己的行动指南，并在实践斗争中不断丰富和发展马克思主义，完成了近代以来其他政治力量没有完成的艰巨历史任务。马克思主义使我们党以中华民族发展为己任，发扬辩证唯物主义和历史唯物主义的科学精神，以无私无畏的博大胸怀领导中国革命、建设、改革，不断取得辉煌胜利。马克思主义为中国共产党提供了科学的世界观和方法论。

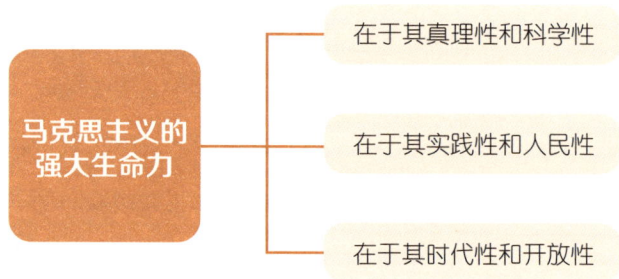

马克思主义的
强大生命力

在于其真理性和科学性

在于其实践性和人民性

在于其时代性和开放性

马克思主义的强大生命力，在于其实践性和人民性。马克思主义以为人民大众谋幸福为基础，马克思、恩格斯胸怀无产阶级和全人类解放事业，创造了马克思主义的科学理论。在马克思主义的指导下，中国共产党始终坚持一切为了人民，同人民群众手牵手、心连心，为中华民族创造了丰功伟绩。

马克思主义的强大生命力，在于其时代性和开放性。马克思主义是不断发展的科学理论。中国共产党顺应时代需要，不断推进马克思主义中国化，为马克思主义不断注入新的生机和活力，不断实现马克思主义中国化新飞跃。

中国共产党把马克思主义作为认识世界、把握规律、追求真理、改造世界的强大思想武器，而不是一成不变的教条，把马克思主义同实际结合、同群众结合，是中国共产党运用马克思主义解决中国问题所具有的特点和优点。100年来，中国共产党不断推进马克思主义中国化时代化，不断开辟马克思主义新境界，创立了毛泽东思想和邓小平理论，形成了"三个代表"重要思想和科学发展观，创立了习近平新时代中国特色社会主义思想，为党和人民事业发展提供了科学理论指导，为丰富和发展马克思主义作出重大原创性贡献。

以史为鉴，可以知兴替。一个民族要走在时代前列，就一刻不能没有理论思维，一刻不能没有思想指引。今天，马克思主义在21世纪的中国焕发出旺盛的生机活力，21世纪中国的马克思主义展现出更强大、更有说服力的真理力量。当前，中华民族伟大复兴正处在关键时期，机遇前所未有，挑战也前所未有。回望过往的奋斗路，眺望前方的奋进路，必须以科学的态度对待科学，以真理的精神追求真理，不断赋予马克思主义新的时代内涵，用马克思主义的真理光芒照耀我们的前行之路。

随着中国特色社会主义进入新时代，中国的发展进一步凸显马克思主义的重要指导作用，彰显马克思主义鲜活的生命力。富强民主文明和谐美丽的社会主义现代化强国所代表的全方位的现代化进程，作为现代中国伟大的社会革命，必将不断彰显马克思主义终极理想的巨大魅力。

四、党的百年奋斗深刻影响了世界历史进程

党和人民事业是人类进步事业的重要组成部分。100年来，党既为中国人民谋幸福、为中华民族谋复兴，也为人类谋进步、为世界谋大同，以自强不息的奋斗深刻改变了世界发展的趋势和格局。党领导人民成功走出中国式现代化道路，创造了人类文明新形态，拓展了发

展中国家走向现代化的途径，给世界上那些既希望加快发展又希望保持自身独立性的国家和民族提供了全新选择。党推动构建人类命运共同体，为解决人类重大问题，建设持久和平、普遍安全、共同繁荣、开放包容、清洁美丽的世界贡献了中国智慧、中国方案、中国力量，成为推动人类发展进步的重要力量。

习近平总书记在庆祝中国共产党成立100周年大会上的重要讲话中指出："我们坚持和发展中国特色社会主义，推动物质文明、政治文明、精神文明、社会文明、生态文明协调发展，创造了中国式现代化新道路，创造了人类文明新形态。"在100年的辉煌历程中，中国共产党团结带领中国人民开创了中国式现代化道路，创造了人类现代化史上的奇迹，14亿多人口的社会主义大国全面建成小康社会。它标志着人类社会消灭贫困的方式已经走出了资本主义所限定的框框，在科学社会主义的推动下，世界历史将在实现人类真正平等的事业上翻开全新的一页。

充满活力的发展模式，持续快速的经济增长，为实现中华民族伟大复兴进入不可逆转的历史进程奠定了坚实的物质基础。中国从1949年人均国民总收入仅27美元，到2019年、2020年人均国内生产总值连续两年超过1万美元，实现了从低收入国家向中低收入国家、再到

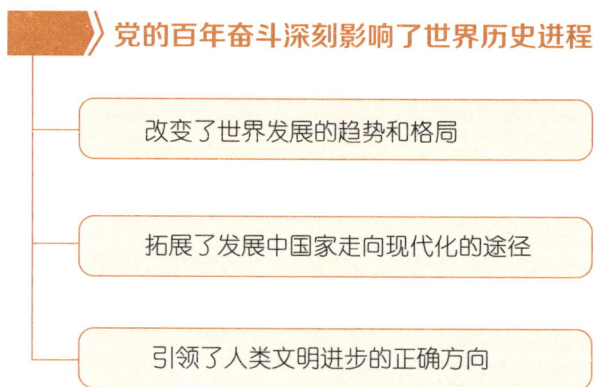

> **党的百年奋斗深刻影响了世界历史进程**

改变了世界发展的趋势和格局

拓展了发展中国家走向现代化的途径

引领了人类文明进步的正确方向

中高收入国家的跃升。2020年末，我国常住人口城镇化率达63.9%，实现了从农业大国到工业大国的历史性转变，连续11年成为世界第一制造业大国。中国已成为世界第二大经济体、制造业第一大国、货物贸易第一大国、商品消费第二大国、外资流入第二大国，外汇储备连续多年位居世界第一。中国在世界上的影响力快速提升，中华民族正以昂扬的姿态走近世界舞台的中央。自2006年起，我国已连续15年成为世界经济增长的最大贡献国，连续多年对世界经济增长的平均贡献率超过30%，成为推动世界经济增长的主要动力源。

中国式现代化新道路具有鲜明特征。中国式现代化，是人口规模巨大的现代化，意味着比现在所有发达国家人口总和还要多的中国人民将进入现代化行列，从而彻底改写现代化的世界版图；是全体人民共同富裕的现代化，意味着要推动发展成果更多更公平惠及全体人民，不断提高人民群众的获得感、幸福感、安全感；是物质文明和精神文明相协调的现代化，意味着不仅人民物质生活水平不断提高、家家仓廪实衣食足，而且精神文化生活日益丰富、人人知礼节明荣辱；是人与自然和谐共生的现代化，意味着既要创造更多物质财富和精神财富以满足人民日益增长的美好生活需要，也要提供更多优质生态产品以满足人民日益增长的优美生态环境需要；是走和平发展道路的现

中国式现代化
的鲜明特征

- 是人口规模巨大的现代化
- 是全体人民共同富裕的现代化
- 是物质文明和精神文明相协调的现代化
- 是人与自然和谐共生的现代化
- 是走和平发展道路的现代化

代化，意味着超越西方一些国家实现现代化的老路，在发展自身的同时造福世界，不断为世界和平与发展注入强大正能量。

中国式现代化道路，既体现了人类社会的发展规律和现代化的普遍要求，又同西方现代化道路有着本质区别。中国式现代化新道路，既遵循现代化普遍规律，又立足中国国情，彰显中国特色，引领时代潮流，弘扬和平、发展、公平、正义、民主、自由的全人类共同价值，对中国发展、世界发展、社会主义发展都具有重大意义。同时，中国特色社会主义为世界贡献了中国智慧、中国方案，创造了人类文明新形态，推动人类文明不断发展。

中国式现代化道路，给世界上那些既希望加快发展，又希望保持自身独立性的国家和民族提供了全新选择，为人类对现代化道路的探

❓ 延伸问答

问： 中国式现代化道路和西方现代化道路是什么关系？

答： 中国式现代化道路和西方现代化道路不是替代关系，而是共存关系。我们并不排斥西方现代化，而是学习借鉴了西方现代化的有益经验，吸取了教训。在现代性或现代价值上，中国价值具有更大的包容性。习近平总书记指出，中国共产党将继续同一切爱好和平的国家和人民一道，弘扬和平、发展、公平、正义、民主、自由的全人类共同价值。全人类共同价值的提出，表达了中国共产党宏大的胸怀。公平、正义、民主、自由，是近代以来人类追求的共同价值。同时，合作、共赢，共商、共建、共享等中国价值，是基于中国式现代化实践，我们提供的新的全球共同价值，是在自由、民主、公正的基础上所提供给人类的新的价值理念。

索作出了巨大贡献。习近平总书记指出："一个和平发展的世界应该承载不同形态的文明，必须兼容走向现代化的多样道路。""每个国家自主探索符合本国国情的现代化道路的努力都应该受到尊重。中国共产党愿同各国政党交流互鉴现代化建设经验，共同丰富走向现代化的路径，更好为本国人民和世界各国人民谋幸福。"中国作为世界上最大的发展中国家实现现代化，将不仅极大推进世界现代化进程、彻底改写世界现代化版图、极大提升人类发展水平，而且以自己的成功实践昭示世人：中国式现代化新道路既遵循世界现代化的一般规律，又探索中国作为发展中国家走向现代化的特殊规律，极大丰富了现代化理论，拓展了发展中国家走向现代化的途径，为他们提供了有益借鉴、全新选择。

党的百年奋斗引领了人类文明进步的正确方向。习近平主席曾明确指出："人类生活在同一个地球村里，生活在历史和现实交汇的同一个时空里，越来越成为你中有我、我中有你的命运共同体。"没有哪个国家能够独自应对人类面临的各种挑战，世界各国要开展全球性协作，共同构建人类命运共同体。要实现这一目标，世界各国应该共同走和平发展道路，共同推动建设相互尊重、公平正义、合作共赢的新型国际关系，建设持久和平、普遍安全、共同繁荣、开放包容、清洁美丽的世界。习近平主席对构建人类命运共同体的倡议，受到国际社会的高度评价和热烈响应，多次被联合国文件所引用。中国既是构建人类命运共同体的倡导者，也是积极践行者。人类命运共同体强调互帮互助、互惠互利、利益共享，坚持双赢、多赢、共赢的新理念。它着眼于人类未来命运，关切各个民族国家的共同利益，着眼于相互依存的共同利益观、可持续发展观等，谋求各民族、国家利益的最大公约数，是一种新型的全球治理观。中国坚持把中国发展与世界共同发展相结合，坚持把中国梦与世界梦相结合，为实现中国人民和世界人民对美好生活的向往而奋斗。推动构建人类命运共同体已经成为中国特色大国外交的鲜明标识，得到了国际社会的广泛认同。

五、党的百年奋斗锻造了走在时代前列的中国共产党

党成立时只有 50 多名党员，今天已成为拥有 9500 多万名党员、领导着 14 亿多人口大国、具有重大全球影响力的世界第一大执政党。100 年来，党坚持性质宗旨，坚持理想信念，坚守初心使命，勇于自我革命，在生死斗争和艰苦奋斗中经受住各种风险考验、付出巨大牺牲，锤炼出鲜明政治品格，形成了以伟大建党精神为源头的精神谱系，保持了党的先进性和纯洁性，党的执政能力和领导水平不断提高，正领导中国人民在中国特色社会主义道路上不可逆转地走向中华民族伟大复兴，无愧为伟大光荣正确的党。

习近平总书记在庆祝中国共产党成立 100 周年大会上的重要讲话

权威评论

欧阳淞（原中共中央党史研究室主任）：伟大建党精神的创建者是中国共产党的先驱们；弘扬者是一代又一代中国共产党人；时间起点为 100 年前；时间跨度已延续百年……伟大建党精神中，"坚持真理、坚守理想"，是中国共产党的命脉和灵魂，展现的是党的思想的力量；"践行初心、担当使命"，是中国共产党人全部实践的主题和红线，展现的是党的宗旨的力量；"不怕牺牲、英勇斗争"，是中国共产党人的风骨和品质，展现的是中国共产党人意志的力量；"对党忠诚、不负人民"，是中国共产党人的大德和公德，展现的是中国共产党人党性的力量。

中指出："一百年前，中国共产党的先驱们创建了中国共产党，形成了坚持真理、坚守理想，践行初心、担当使命，不怕牺牲、英勇斗争，对党忠诚、不负人民的伟大建党精神，这是中国共产党的精神之源。"

100年来，中国共产党从伟大建党精神这一源头出发，在长期奋斗中形成一系列伟大精神，构建起中国共产党人的精神谱系，为民族精神注入了新内涵、开辟了新境界，推动中华民族不断焕发出新的生机和活力。这些精神包括：建党精神，井冈山精神、苏区精神、长征精神、遵义会议精神、延安精神、抗战精神、红岩精神、西柏坡精神、照金精神、东北抗联精神、南泥湾精神、太行精神（吕梁精神）、大别山精神、沂蒙精神、老区精神、张思德精神，抗美援朝精神、"两弹一星"精神、雷锋精神、焦裕禄精神、大庆精神（铁人精神）、红旗渠精神、北大荒精神、塞罕坝精神、"两路"精神、老西藏精神（孔繁森精神）、西迁精神、王杰精神，改革开放精神、特区精神、抗洪精神、抗击"非典"精神、抗震救灾精神、载人航天精神、劳模精神（劳动精神、工匠精神）、青藏铁路精神、女排精神、脱贫攻坚精神、抗疫精神、"三牛"精神、科学家精神、企业家精神、探月精神、新时代北斗精神、丝路精神，等等。这些精神，都是建党精神的传承和发展，集中体现了党的性质宗旨、理想信念、初心使命、优良作风，充分反映了建党精神和党的优秀品格，是我们党最宝贵的精神财富，是激励我们奋勇前进的强大精神动力，为我们党提供了丰厚滋养。

中国共产党在推进民族复兴的伟大实践中，不断推进自我革命，坚定不移全面从严治党，不断强化党内监督，坚持自我净化、自我完善、自我革新、自我提高，始终保持党的先进性和纯洁性。我们党"坚持真理，修正错误"，"为人民利益坚持好的、改正错的"：按照好干部标准培养选拔执政骨干，加强理论学习，不断提高长期执政能力；坚持制度治党、依规治党，认真开展批评和自我批评，依靠严明纪律保证全党步调一致；坚决整治形式主义、官僚主义、享乐主义和奢靡之风等不正之风，树立清正廉洁、求真务实等优良作风，始终保持同人民群众的血肉联系；坚持刀刃向内，零容忍惩治腐败，不断祛除党的肌体上的毒瘤；等等。

历史和现实都告诉我们，历史和人民选择中国共产党领导中华民族伟大复兴的事业是正确的，必须长期坚持、永不动摇。只要我们始终不渝坚持党的领导，就一定能够战胜前进道路上的任何艰难险阻，不断满足人民对美好生活的向往。全党全国各族人民只要更加紧密地团结在以习近平同志为核心的党中央周围，乘势而上开山河，风雨无阻向前进，就没有任何困难能够难倒我们，就没有任何力量能够阻挡中华民族实现伟大复兴的铿锵步伐！

第七讲

中国共产党百年奋斗的历史经验

历史是最好的教科书，我们党历来高度重视总结历史经验。党一步步走过来，很重要的一条就是不断总结经验、提高本领，不断提高应对风险、迎接挑战、化险为夷的能力和水平。《决议》从党的百年奋斗历程中深刻概括了具有根本性和长远指导意义的十条历史经验。《决议》强调，这十条历史经验是系统完整、相互贯通的有机整体，深刻揭示了党和人民事业不断成功的根本保证，深刻揭示了党始终立于不败之地的力量源泉，深刻揭示了党始终掌握历史主动的根本原因，深刻揭示了党永葆先进性和纯洁性、始终走在时代前列的根本途径。100 年来党所积累的这些经验，弥足珍贵，催人奋进，蕴含深刻的忧患意识、强烈的自信抱负，需要我们倍加珍惜、长期坚持，在实践中丰富和发展。

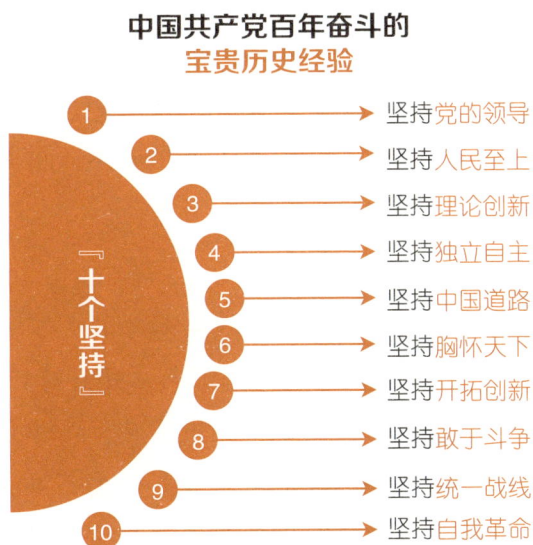

**中国共产党百年奋斗的
宝贵历史经验**

『十个坚持』

1 → 坚持党的领导
2 → 坚持人民至上
3 → 坚持理论创新
4 → 坚持独立自主
5 → 坚持中国道路
6 → 坚持胸怀天下
7 → 坚持开拓创新
8 → 坚持敢于斗争
9 → 坚持统一战线
10 → 坚持自我革命

一、坚持党的领导

中国共产党是领导我们事业的核心力量。中国人民和中华民族之所以能够扭转近代以后的历史命运、取得今天的伟大成就，最根本的是有中国共产党的坚强领导。历史和现实都证明，没有中国共产党，就没有新中国，就没有中华民族伟大复兴。治理好我们这个世界上最大的政党和人口最多的国家，必须坚持党的全面领导特别是党中央集中统一领导，坚持民主集中制，确保党始终总揽全局、协调各方。只要我们坚持党的全面领导不动摇，坚决维护党的核心和党中央权威，充分发挥党的领导政治优势，把党的领导落实到党和国家事业各领域各方面各环节，就一定能够确保全党全军全国各族人民团结一致向前进。

坚持党的领导，是历史和人民的郑重选择。中国共产党领导是中国特色社会主义最本质的特征，是中国特色社会主义制度的最大优势。但党的领导地位不是一朝一夕形成的，也不是天生的，更不是自封的。中国共产党自1921年成立以来，就自觉肩负起争取民族独立、人民解放和国家富强、人民幸福这两大历史任务，把为中国人民谋幸福、为中华民族谋复兴作为自己的初心使命，团结带领人民创造了彪炳史册的巨大成就，使中华民族迎来了从站起来、富起来到强起来的

延伸问答

问： 如何理解坚持党的领导是我们党百年奋斗的历史经验？

答： 坚持党的领导，是历史和人民的选择。中国取得的各项伟大成就，最根本的是有党的坚强领导。党的领导是党和国家的根本所在、命脉所在。坚持党的领导，最根本的是维护党的核心和党中央权威。这就要不断完善党的领导，建立健全坚持和加强党的全面领导的组织体系、制度体系、工作机制，提高党的能力和定力。只有坚持党的领导，才能发挥党总揽全局、协调各方的领导核心作用，才能确保全党全军全国各族人民团结一致向前进。

伟大历史飞跃，实现中华民族伟大复兴进入不可逆转的历史进程。只要深入了解中国近代史、中国现代史、中国革命史，就不难发现，如果没有中国共产党领导，我们的国家、我们的民族不可能取得今天这样的成就，也不可能具有今天这样的国际地位。

党政军民学，东西南北中，党是领导一切的，是最高政治领导力量。党的领导是全面的、系统的、整体的，保证党的团结统一是党的生命；党中央集中统一领导是党的领导的最高原则，加强和维护党中央集中统一领导是全党共同的政治责任，坚持党的领导首先要旗帜鲜明讲政治，保证全党服从中央。习近平总书记指出："在国家治理体系的大棋局中，党中央是坐镇中军帐的'帅'，车马炮各展其长，一盘棋大局分明。"

坚持党的领导，必须坚持党的全面领导特别是党中央集中统一领导。中国共产党是最高政治领导力量，我们的全部事业都植根于此。只有坚持党的全面领导特别是党中央集中统一领导，才能发挥党总揽全局、协调各方的领导核心作用。历史证明，治理好我们这个世界上最大的政党和人口最多的国家，必须坚持党的全面领导特别是党中央集中统一领导，坚持民主集中制，确保党始终总揽全局、协调各方。

坚持党的领导，最根本的就是要坚决维护党的核心和党中央权威。事在四方，要在中央。四方的事要办好，中央必须有权威。党中央是控制系统，是大脑的神经中枢，是指挥棒，是最高政治领导力量，必须有定于一尊、一锤定音的权威。历史和现实充分表明，全党有核心，党中央才有权威，党才有力量。什么时候全党坚定维护党的核心和党中央集中统一领导，党的事业就不断取得胜利；反之，党的领导就必然弱化，党的事业就必然遭受挫折。

建党之初，由于没有一个成熟稳定的领导集体和坚强有力的领导核心，革命事业几经挫折。直到遵义会议事实上确立毛泽东同志在党中央的领导地位后，我们党开始形成坚强的领导核心，最终团结带领

中国共产党面临的各种风险挑战

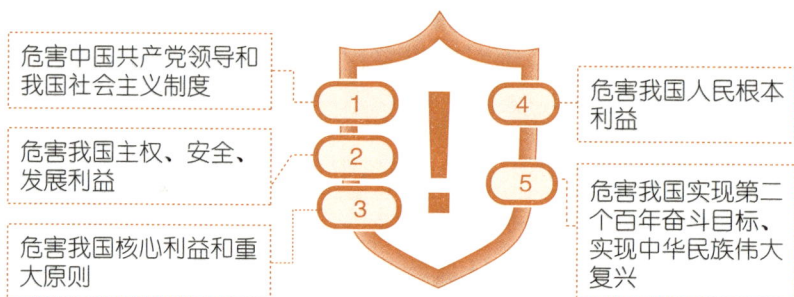

危害中国共产党领导和我国社会主义制度 — 1

危害我国主权、安全、发展利益 — 2

危害我国核心利益和重大原则 — 3

4 — 危害我国人民根本利益

5 — 危害我国实现第二个百年奋斗目标、实现中华民族伟大复兴

中国人民打败日本帝国主义，推翻国民党反动统治，完成新民主主义革命，建立了中华人民共和国。在改革开放的历史进程中，正是有党中央的坚强领导，中国特色社会主义伟大事业才得以不断推进。

党的十八大以来，面对严峻复杂的国内外形势，我们之所以能战胜一系列重大风险挑战，推动党和国家事业取得历史性成就、发生历史性变革，推动我国国际影响力、感召力、塑造力全面显著提高，使"中国之治"与"西方之乱"形成鲜明对比，根本在于坚决维护习近平同志党中央的核心、全党的核心地位，坚决维护党中央集中统一领导。我们坚持和加强党对一切工作的领导，才战胜了一系列重大挑战，解决了许多长期想解决而没有解决的难题，办成了许多过去想办而没有办成的大事。

二、坚持人民至上

党的根基在人民、血脉在人民、力量在人民，人民是党执政兴国的最大底气。民心是最大的政治，正义是最强的力量。党的最大政治优势是密切联系群众，党执政后的最大危险是脱离群众。党代表中国

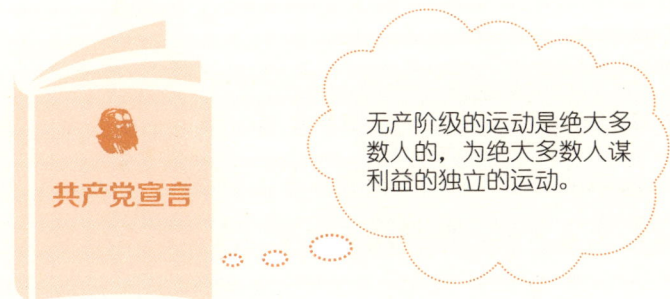

共产党宣言

无产阶级的运动是绝大多数人的，为绝大多数人谋利益的独立的运动。

最广大人民根本利益，没有任何自己特殊的利益，从来不代表任何利益集团、任何权势团体、任何特权阶层的利益，这是党立于不败之地的根本所在。只要我们始终坚持全心全意为人民服务的根本宗旨，坚持党的群众路线，始终牢记江山就是人民、人民就是江山，坚持一切为了人民、一切依靠人民，坚持为人民执政、靠人民执政，坚持发展为了人民、发展依靠人民、发展成果由人民共享，坚定不移走全体人民共同富裕道路，就一定能够领导人民夺取中国特色社会主义新的更大胜利，任何想把中国共产党同中国人民分割开来、对立起来的企图就永远不会得逞。

坚持人民至上，是马克思主义唯物史观的集中体现，明确回答了"我是谁、为了谁、依靠谁"这一重大命题，开辟了马克思主义人民观新境界。

中国共产党从诞生之日起就是中国工人阶级的先锋队，同时是中国人民和中华民族的先锋队，将为中国人民谋幸福、为中华民族谋复兴作为自己的初心使命，与人民生死相依、荣辱与共。党的利益和人民的利益永远是一致的。

100年来，中国共产党始终把人民装在心里，全心全意为人民服务的根本宗旨从未改变。坚持人民至上，增进人民福祉、促进人的全面发展是我们党立党为公、执政为民的本质要求。世界上很少有哪个

习近平（中共中央总书记、国家主席、中央军委主席）：践行宗旨，就是对人民饱含深情，心中装着人民，工作为了人民，想群众之所想，急群众之所急，解群众之所难，密切联系群众，坚定依靠群众，一心一意为百姓造福，以为民造福的实际行动诠释了共产党人"我将无我、不负人民"的崇高情怀。江山就是人民，人民就是江山。全党同志都要坚持人民立场、人民至上，坚持不懈为群众办实事做好事，始终保持同人民群众的血肉联系。

政党，能像中国共产党这样，把"为人民服务"庄严地写进党章，并把"以人民为中心"的发展思想贯穿治国理政的各个环节。党的所有工作，都把人民利益作为根本出发点。"人民"二字已经成为一代代中国共产党人的精神基因，深深融入了共产党人的血脉之中。

坚持人民至上，揭示了中国共产党百年奋斗历程的力量源泉和价值指向。

革命战争年代，"最后一口粮，做的是军粮；最后一块布，做的是军装；最后一个儿子啊，送到了部队上"。农民的手推车，推出了淮海战役的胜利。社会主义建设时期，林县的乡亲们，在悬崖上开凿出了红旗渠……新时代，党把人民拥护不拥护、赞成不赞成、高兴不高兴、答应不答应作为衡量一切工作得失的根本标准，使我们党始终拥有不竭的力量源泉。

江山就是人民，人民就是江山。不断造福人民，是坚持人民至上的出发点和落脚点。我们党坚持一切为了群众、一切依靠群众，从群众中来，到群众中去，把党的正确主张变为群众的自觉行动，把群众路线贯彻到治国理政的全过程之中。习近平总书记指出："人民对美

习近平总书记关于人民的论述

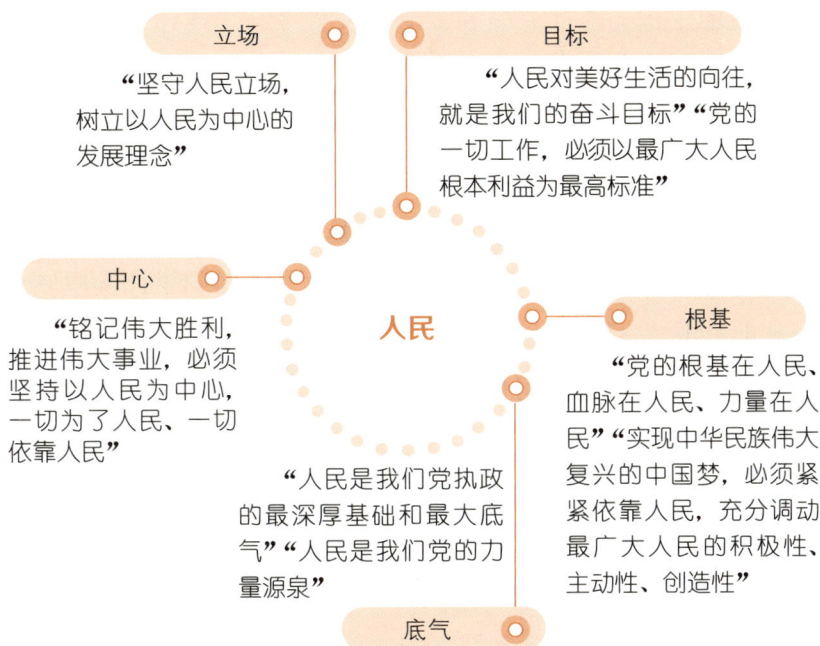

立场
"坚守人民立场，树立以人民为中心的发展理念"

目标
"人民对美好生活的向往，就是我们的奋斗目标" "党的一切工作，必须以最广大人民根本利益为最高标准"

中心
"铭记伟大胜利，推进伟大事业，必须坚持以人民为中心，一切为了人民、一切依靠人民"

人民

根基
"党的根基在人民、血脉在人民、力量在人民" "实现中华民族伟大复兴的中国梦，必须紧紧依靠人民，充分调动最广大人民的积极性、主动性、创造性"

底气
"人民是我们党执政的最深厚基础和最大底气" "人民是我们党的力量源泉"

好生活的向往，就是我们的奋斗目标。"这从根本上回答了"为了谁"的问题，是我们党立党为公、执政为民的生动体现。他强调，"每个共产党员都要弄明白，党除了人民利益之外没有自己的特殊利益"，"把体现人民利益、反映人民愿望、维护人民权益、增进人民福祉落实到全面依法治国各领域全过程"。党的十八大以来，以习近平同志为核心的党中央始终坚持以人民为中心的发展思想，全面建成了小康社会，正在实现人的全面发展、全体人民共同富裕道路上阔步前进。

三、坚持理论创新

马克思主义是我们立党立国、兴党强国的根本指导思想。马克思主义理论不是教条而是行动指南，必须随着实践发展而发展，必须中国化才能落地生根、本土化才能深入人心。党之所以能够领导人民在一次次求索、一次次挫折、一次次开拓中完成中国其他各种政治力量不可能完成的艰巨任务，根本在于坚持解放思想、实事求是、与时俱进、求真务实，坚持把马克思主义基本原理同中国具体实际相结合、同中华优秀传统文化相结合，坚持实践是检验真理的唯一标准，坚持一切从实际出发，及时回答时代之问、人民之问，不断推进马克思主义中国化时代化。习近平同志指出，当代中国的伟大社会变革，不是简单延续我国历史文化的母版，不是简单套用马克思主义经典作家设想的模板，不是其他国家社会主义实践的再版，也不是国外现代化发展的翻版。只要我们勇于结合新的实践不断推进理论创新、善于用新的理论指导新的实践，就一定能够让马克思主义在中国大地上展现出更强大、更有说服力的真理力量。

中国共产党具有马克思主义政党与时俱进的理论品格，理论创新每前进一步，理论武装就要跟进一步。

在长期革命和建设实践中，党始终坚持与时俱进的理论品格，及时回应和解决重大时代命题，不断推进马克思主义中国化。从马克

马克思主义中国化的
飞跃历程

新的飞跃
习近平新时代中国特色社会主义思想

第一次历史性飞跃
毛泽东思想

新的飞跃
中国特色社会主义理论体系

思主义传入中国，到创立毛泽东思想、形成中国特色社会主义理论体系，再到创立习近平新时代中国特色社会主义思想，每一次重大理论创新，都是马克思主义基本原理同中国实际紧密结合的辉煌成果。21世纪马克思主义，必然随着时代的变化和实践的发展不断实现创新发展。新时代推进理论创新，就要坚定不移坚持马克思主义指导地位，不断推进马克思主义中国化、时代化、大众化，发展21世纪马克思主义、当代中国马克思主义。

习近平总书记指出，在新的时代条件下，我们要进行伟大斗争、建设伟大工程、推进伟大事业、实现伟大梦想，仍然需要保持和发扬马克思主义政党与时俱进的理论品格，勇于推进实践基础上的理论创新。这为我们推进理论创新指明了方向、开阔了视野。

❓ 延伸问答

问：如何理解坚持理论创新是我们党百年奋斗的历史经验？

答：第一，马克思主义理论不是教条而是行动指南。马克思主义基本原理同中国具体实际相结合、同中华优秀传统文化相结合，不断推进马克思主义中国化时代化，不断开辟马克思主义发展新境界。因此，马克思主义成为我们立党立国、兴党强国的根本指导思想。第二，实践没有止境，理论创新也没有止境。在党的百年奋斗历程中，马克思主义中国化时代化既一脉相承又与时俱进，为党和人民事业发展提供了科学理论指导。马克思主义深刻改变了中国，中国也极大丰富和发展了马克思主义。只要我们勇于结合新的实践不断推进理论创新、善于用新的理论指导新的实践，就一定能够让马克思主义在中国大地上展现出更强大、更有说服力的真理力量。

理论创新不是孤立的，既以实践为基础，又对实践具有指导作用，还与实践一起构成制度建设的基石。

习近平总书记指出："中国特色社会主义是实践、理论、制度紧密结合的，既把成功的实践上升为理论，又以正确的理论指导新的实践，还把实践中已见成效的方针政策及时上升为党和国家的制度。"党的七大概括了毛泽东思想，并把毛泽东思想确立为党的指导思想，这是党的七大最重大的理论贡献。党的十五大、十六大、十八大分别把邓小平理论、"三个代表"重要思想和科学发展观确立为党的指导思想，这是党的十五大、十六大、十八大最重大的理论贡献。党的十八大以来，以习近平同志为主要代表的中国共产党人，团结带领全党全国各族人民统揽伟大斗争、伟大工程、伟大事业、伟大梦想，从理论和实践结合上系统回答了新时代坚持和发展什么样的中国特色社会主义、怎样坚持和发展中国特色社会主义这个重大时代课题，创立了习近平新时代中国特色社会主义思想，为实现"两个一百年"奋斗目标和中华民族伟大复兴的中国梦提供了科学理论指导和行动指南。

四、坚持独立自主

独立自主是中华民族精神之魂，是中国共产党、中华人民共和国立党立国的重要原则。走自己的路，是党百年奋斗得出的历史结论。党历来坚持独立自主开拓前进道路，坚持把国家和民族发展放在自己力量的基点上，坚持中国的事情必须由中国人民自己作主张、自己来处理。人类历史上没有一个民族、一个国家可以通过依赖外部力量、照搬外国模式、跟在他人后面亦步亦趋实现强大和振兴。那样做的结果，不是必然遭遇失败，就是必然成为他人的附庸。只要我们坚持独立自主、自力更生，既虚心学习借鉴国外的有益经验，又坚定民族自

坚持独立自主

- 是中国革命、建设、改革取得成功的重要保障
- 是我们党从中国实际出发，依靠人民力量进行革命、建设、改革的必然结论
- 是中国从站起来、富起来到强起来的一个根本原因

尊心和自信心，不信邪、不怕压，就一定能够把中国发展进步的命运始终牢牢掌握在自己手中。在中国这样一个人口众多、经济文化落后的东方大国进行革命和建设的国情与使命，决定了我们只能走自己的路。站立在960多万平方公里的广袤土地上，吸吮着中华民族漫长奋斗积累的文化养分，拥有14亿多中国人民聚合的磅礴之力，我们走自己的路，具有无比广阔的舞台，具有无比深厚的历史底蕴，具有无比强大的前进定力。每一个中国人都应该有这个信心。

坚持独立自主，是中国革命、建设、改革取得成功的重要保障。革命战争年代，我们党从中国实际出发，开辟独立自主的中国革命道路。新中国成立后，我们党坚持独立自主推进社会主义建设，取得了社会主义建设的辉煌成就。中国特色社会主义进入新时代，我们党高度重视把有效维护国家独立自主的制度优势转化为治理效能，使这一制度优势得到进一步彰显。我们把坚持和平发展道路、坚持互利共赢开放战略、推动构建人类命运共同体一同写入宪法，进一步丰富和发展了独立自主的和平外交政策。

坚持独立自主，是我们党从中国实际出发，依靠人民力量进行革命、建设、改革的必然结论。100年来，中国共产党团结带领人民披荆斩棘、一路前行，所探索奋斗的历史主题，比较集中地反映在走自己的路上面。走自己的路，塑造了中国共产党、马克思主义、中国特党的十八大以来，中国特色社会主义进入新时代，以习近平同志为核心的党中央，领导人民积极进取，锐意改革，自信自强、守正创新，推动党和国家事业取得历史性成就、发生历史性变革。而这些都是在中国人坚持独立创新下取得的。新时代推进各项事业发展，在建设主体上，坚持中国的事情由中国人民自己做主张，自己来处理；在发展道路上，继续坚定走中国特色社会主义道路，既不走封闭僵化的老路，也不走改旗易帜的邪路；在处理与其他国家关系问题上，坚持独立自主的和平外交政策，坚定不移走和平发展道路。

色社会主义的崭新面貌；走自己的路，从根本上改变了中国、中国人民、中华民族的面貌。我们党历来坚持独立自主开拓前进道路，要把国家和民族发展放在自己力量的基点上，坚持民族自尊心和自信心，坚定不移走自己的路。

坚持独立自主，是中国从站起来、富起来到强起来的一个根本原因。我国始终坚持独立自主的和平外交政策，坚持走和平发展道路，推进国家治理体系和治理能力现代化，努力提升国家治理效能。党的十八大以来，随着我国改革开放和社会主义现代化建设的深入推进，有效维护国家独立自主的制度优势不断转化为国家治理效能，推动党和国家各项事业蓬勃发展，并在这个过程中进一步增强了维护国家独立自主的制度优势。

总之，不论过去、现在和将来，我们坚持中国的事情由中国人民自己作主张、自己来处理。我们秉持历史多样性观念，主张各国选择自身发展道路的多样性需要，认为世界上没有放之四海而皆准的具体发展模式，也没有一成不变的发展道路。坚持独立自主开拓前进道路，是我们党百年发展的立足点，也是党和人民事业不断从胜利走向胜利的根本保证。

五、坚持中国道路

方向决定道路，道路决定命运。党在百年奋斗中始终坚持从我国国情出发，探索并形成符合中国实际的正确道路。中国特色社会主义道路是创造人民美好生活、实现中华民族伟大复兴的康庄大道。脚踏中华大地，传承中华文明，走符合中国国情的正确道路，党和人民就具有无比广阔的舞台，具有无比深厚的历史底蕴，具有无比强大的前进定力。只要我们既不走封闭僵化的老路，也不走改旗易帜的邪路，坚定不移走中国特色社会主义道路，就一定能够把我国建设成为富强民主文明和谐美丽的社会主义现代化强国。

在庆祝中国共产党成立 100 周年大会上，习近平总书记深刻总结我们党 100 年来开辟的伟大道路、创造的伟大事业，指出："走自己的路，是党的全部理论和实践立足点，更是党百年奋斗得出的历史结论。中国特色社会主义是党和人民历经千辛万苦、付出巨大代价取得的根本成就，是实现中华民族伟大复兴的正确道路。"

中国特色社会主义，承载着几代中国共产党人的理想和探索，寄托着无数仁人志士的夙愿和期盼，凝聚着亿万人民的奋斗和牺牲，是近代以来中国社会发展的必然选择。

只有回看走过的路、比较别人的路、远眺前行的路，弄清楚我们从哪儿来、往哪儿去，很多问题才能看得深、把得准。中国特色社会主义不是从天上掉下来的，而是在改革开放 40 多年的伟大实践中得来的，是在新中国成立 70 多年的持续探索中得来的，是在我们党领

中国特色社会主义道路的独特优势

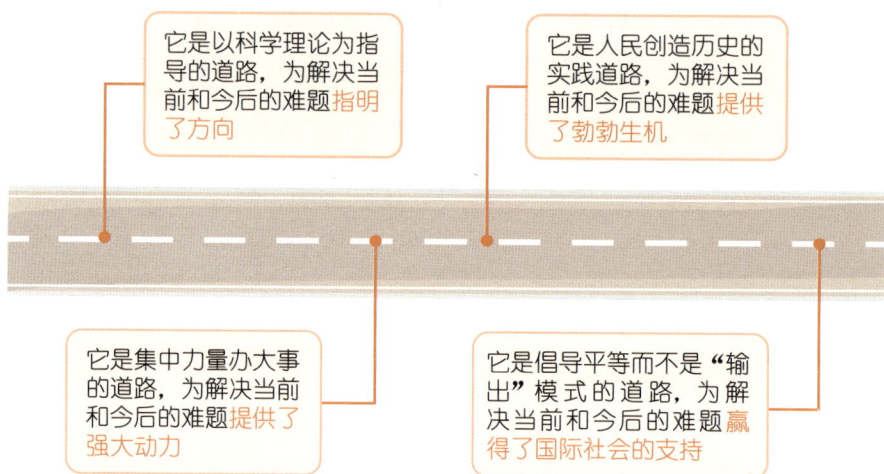

它是以科学理论为指导的道路，为解决当前和今后的难题指明了方向

它是人民创造历史的实践道路，为解决当前和今后的难题提供了勃勃生机

它是集中力量办大事的道路，为解决当前和今后的难题提供了强大动力

它是倡导平等而不是"输出"模式的道路，为解决当前和今后的难题赢得了国际社会的支持

导人民进行伟大社会革命 100 年的实践中得来的，是在近代以来中华民族由衰到盛 180 多年的历史进程中得来的，是对中华文明 5000 多年的传承发展中得来的。历史和现实充分证明，中国特色社会主义是科学社会主义理论逻辑和中国社会发展历史逻辑的辩证统一，是植根于中国大地、反映中国人民意愿、适应中国和时代发展进步要求的科学社会主义，这条路能走得通、走得远！

中国共产党团结带领全国各族人民发愤图强、艰苦创业，创造了举世瞩目的发展成就，成功开辟了中国特色社会主义道路，中国特色社会主义进入新时代，中华民族伟大复兴迎来了光明前景。

回溯 1840 年以来中华民族的屈辱历史，根本原因是没有找到一条强国富民的发展道路。新中国成立 70 多年来，中国发生了翻天覆地的变化。实践充分表明，中国特色社会主义道路是 1840 年以来，中国人民对其他救国途径的尝试全部碰壁之后作出的历史性选择。历史告诉我们，坚持中国特色社会主义道路，关乎国家前途、民族命运、人民福祉；中国共产党领导中国人民开辟的中国特色社会主义道

习近平（中共中央总书记、国家主席、中央军委主席）：中国共产党坚持一切从实际出发，带领中国人民探索出中国特色社会主义道路。历史和实践已经并将进一步证明，这条道路，不仅走得对、走得通，而且也一定能够走得稳、走得好。我们将坚定不移沿着这条光明大道走下去，既发展自身又造福世界。现代化道路并没有固定模式，适合自己的才是最好的，不能削足适履。每个国家自主探索符合本国国情的现代化道路的努力都应该受到尊重。中国共产党愿同各国政党交流互鉴现代化建设经验，共同丰富走向现代化的路径，更好为本国人民和世界各国人民谋幸福。

路是正确的，必须长期坚持、永不动摇。

中国道路的成功意味着西方"中国崩溃论"的崩溃和"历史终结论"的终结，也丰富了世界现代化道路的多样性。

"鞋子合不合脚，只有自己知道。"一个国家究竟走什么样的发展道路，最终要靠事实说话，要由这个国家的人民作出选择。新中国成立70多年特别是改革开放40多年来，我国坚持走自己的路，实现了经济持续快速发展，成为世界第二大经济体，近8亿人口摆脱贫困，人均国内生产总值超过1万美元。中国用40多年时间走完了西方发达国家几百年走过的发展历程，实现从一穷二白到建立现代工业体系和国民经济体系的跨越，实现从物资极度匮乏、产业百废待兴到成为世界经济增长引擎、全球制造基地的跨越，实现从贫穷落后到阔步走向繁荣富强的跨越。历史以超出人们想象的大跨越和大进步，对中国共产党领导人民走出的中国道路作出了最生动的诠释。

世界上既没有唯一的发展模式，也没有一成不变的发展道路。中

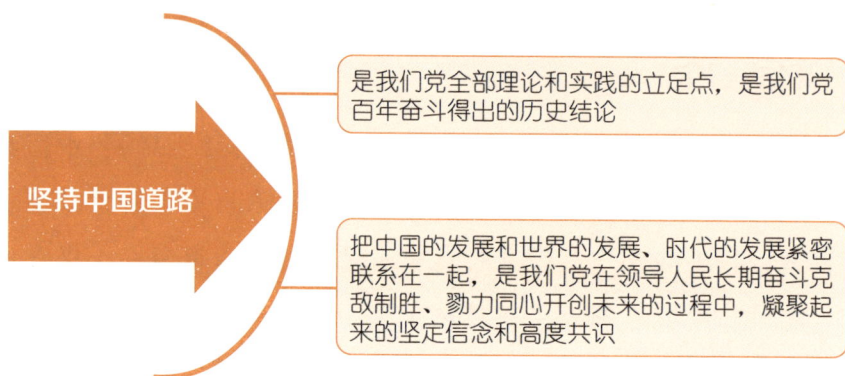

坚持中国道路

是我们党全部理论和实践的立足点，是我们党百年奋斗得出的历史结论

把中国的发展和世界的发展、时代的发展紧密联系在一起，是我们党在领导人民长期奋斗克敌制胜、勠力同心开创未来的过程中，凝聚起来的坚定信念和高度共识

国道路既不是"传统的"，也不是"外来的"，更不是"西化的"，而是我们独创的，是一条既坚持科学社会主义基本原则，又根据时代特征赋予其鲜明中国特色的发展道路。尊重世界文明多样性、发展道路多样化，尊重和维护各国人民自主选择社会制度和发展道路的权利，相互借鉴，取长补短，这是人类文明进步的历史潮流和内在规律。

我们党将马克思主义基本原理同中国具体实际相结合产生的中国道路，体现了历史逻辑、理论逻辑和实践逻辑的高度统一。中国道路是党和人民克服艰难险阻取得的宝贵成果，来之不易，弥足珍贵。中国道路是科学社会主义时代化的结晶，在坚持共产主义远大理想的同时，明确了我国社会发展的阶段性目标，即全面建成小康社会、实现社会主义现代化、实现中华民族伟大复兴。坚定走中国道路的自信，源于这条道路符合人类社会发展规律，符合中国发展实际，代表了中国最广大人民的根本利益。中国道路的成功已经证明，中国道路是人民幸福之路、国家富强之路、民族振兴之路。

中国道路把中国的发展和世界的发展、时代的发展紧密联系在一起。社会主义对经济文化比较落后的国家来说，是一条加快发展的新道路，但不是一条孤立封闭的道路。当今世界是开放的世界，任何国家的发展都离不开世界的发展。闭关锁国只能导致社会主义在发展中衰退。在中国道路的形成发展过程中，我们深刻意识到：社会主义国家只有面向世界，加强与世界的联系，才能走在时代前列，拥有广阔的发展前途和强大的生命力。在这条道路上，我们党始终关注时代潮流的变动，关注世界生产力、先进文化等发展的动向和趋势，兼收并蓄、海纳百川，不断吸取其他国家、民族和文明的先进经验，把握时代发展趋势，因而使我们各方面的发展都能充分体现时代精神和创造精神。把当代中国的和谐发展与整个世界的和平发展结合起来，既立足本国发展又促进人类共同进步，是中国道路的一个突出特点，也是中国特色社会主义为世界社会主义提供的一个重要理念。

六、坚持胸怀天下

大道之行，天下为公。党始终以世界眼光关注人类前途命运，从人类发展大潮流、世界变化大格局、中国发展大历史正确认识和处理同外部世界的关系，坚持开放、不搞封闭，坚持互利共赢、不搞零和博弈，坚持主持公道、伸张正义，站在历史正确的一边，站在人类进步的一边。只要我们坚持和平发展道路，既通过维护世界和平发展自己，又通过自身发展维护世界和平，同世界上一切进步力量携手前进，不依附别人，不掠夺别人，永远不称霸，就一定能够不断为人类文明进步贡献智慧和力量，同世界各国人民一道，推动历史车轮向着光明的前途前进。

在庆祝中国共产党成立 100 周年大会上，习近平总书记深情回顾中国共产党百年奋斗的光辉历程，指出："中国共产党关注人类前途命运，同世界上一切进步力量携手前进，中国始终是世界和平的建设者、全球发展的贡献者、国际秩序的维护者！"

中国共产党始终坚持和平发展，不懈维护世界和平稳定，坚持永

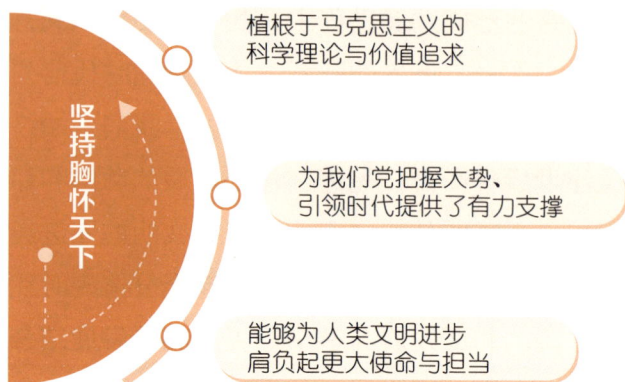

坚持胸怀天下

- 植根于马克思主义的科学理论与价值追求
- 为我们党把握大势、引领时代提供了有力支撑
- 能够为人类文明进步肩负起更大使命与担当

不称霸、不搞扩张、不谋求势力范围。

"以至诚为道，以至仁为德。"中华民族历来讲求"天下一家"，主张民胞物与、协和万邦、天下大同，憧憬"大道之行，天下为公"的美好世界。中国梦是和平、发展、合作、共赢的梦，不仅造福中国人民，而且造福世界人民。中国共产党始终通过维护世界和平发展自己，又通过自身发展促进世界和平；始终坚持公平正义，不懈推动人类自由解放，坚持国家不分大小、强弱、贫富一律平等，反对强加于人、反对干涉内政、反对以强凌弱；始终坚持合作共赢，不懈促进各国共同发展，坚持互利共赢的开放战略，以合作消弭对抗，以共赢取代零和，以中国的新发展为世界提供新机遇。100年来，中国共产党坚守为世界谋大同的天下情怀，积极推动构建人类命运共同体，为解决人类问题贡献了中国智慧和中国方案，为人类文明和进步事业作出了卓越贡献。

中国始终奉行做世界和平的建设者、全球发展的贡献者、国际秩序的维护者、公共产品的提供者。

中国是联合国常任理事国。中国坚定维护联合国宪章宗旨和原则，坚定弘扬和平、发展、公平、正义、民主、自由的全人类共同价值，为推动构建相互尊重、公平正义、合作共赢的新型国际关系，推动构建人类命运共同体而不懈努力。中国坚持多边主义理念，倡导以和平方式化解争端，派出 5 万余人次维和人员支持联合国和平行动。中国始终履行最大发展中国家责任，提前 10 年实现联合国 2030 年可持续发展议程减贫目标。中国始终遵循《世界人权宣言》精神，坚持把人权普遍性同中国实际结合起来，为中国人权进步和国际人权事业作出突出贡献。在联合国舞台上，中国实现了从旁观者到参与者再到引领者的巨大转变。中国以自身发展促进世界繁荣，连续多年对全球经济增长作出最大贡献，通过高质量共建"一带一路"，为伙伴国家插上发展的翅膀。中国提出力争 2030 年前实现碳达峰、2060 年前实现碳中和目标，出资成立昆明生物多样性基金，为全球应对气候变化采取有效行动，承担应尽责任。中国助力全人类抗击新冠肺炎疫情，

☕ **深阅读**

新冠肺炎疫情暴发后，中国率先同各方分享疫情信息、交流抗疫经验，率先向各国大批量提供抗疫物资，率先向发展中国家大规模提供疫苗帮助，率先对外派遣医疗专家组。习近平主席在第 73 届世界卫生大会视频会议开幕式上致辞，呼吁各国团结合作战胜疫情，共同构建人类卫生健康共同体。中国积极响应联合国发起的全球人道主义应对计划，累计向 150 多个国家和 14 个国际组织提供抗疫物资援助，向 200 多个国家和地区出口防疫物资，对外共提供了 3200 多亿只口罩、39 亿件防护服、56 亿人份检测试剂盒。中国支持世卫组织发布的全球新冠疫苗接种战略，践行将疫苗作为全球公共产品重要宣示，截至 2021 年 10 月中旬已向全球 100 多个国家和国际组织提供了超过 15 亿剂新冠疫苗，为建立全球免疫屏障作出重要贡献。

实施了新中国成立以来规模最大的全球人道主义行动，2021 年将对外提供 20 亿剂以上新冠疫苗。

当今世界正经历百年未有之大变局，和平与发展仍然是当今时代主题，人类的命运从没有像今天这样紧密相连，各国的利益从没有像今天这样深度融合，和平、发展、合作、共赢的时代潮流不可阻挡。面对各种全球性威胁和挑战，国际社会比以往任何时候都更需要团结合作，更需要维护多边主义，更需要坚持国际公正和道义。世界好，中国才能好；中国好，世界才更好。历史和现实都告诉我们，只要世界各国秉持人类命运共同体理念，坚持多边主义、走团结合作之路，

中国在联合国安理会5个常任理事国中派出维和人员数量名列第一

中国维和部队构成从单一军种为主向多军兵种拓展，任务类型从支援保障向综合多能转型，行动目标从制止武装冲突向建设持久和平延伸

中国"蓝盔"足迹遍布20多个国家和地区，24名中国维和人员为和平事业献出宝贵生命

**中国维和
彰显大国担当
（1990—2021年）**

已有2200余人在联合国8个任务区执行任务

中国落实对非盟1亿美元无偿军事援助，支持非洲常备军和危机应对快速反应部队建设

设立中国—联合国和平与发展基金，累计注资1.2亿美元，启动开展112个合作项目，惠及100多个国家和地区

数据来源：《人民日报》

就一定能够共同应对各种全球性问题，共建美好地球家园。

中国将始终站在历史正确的一边，始终把为人类作出新的更大贡献作为自己的使命。

回首百年，中国共产党领导中国人民进行的伟大奋斗彪炳史册，为人类和平与发展作出的重大贡献有目共睹。面向未来，中国将和世界各国一道，为摆脱贫困落后、促进繁荣发展而不懈努力，为消除分歧战乱、维护和谐稳定而持续奋斗，为弭平文明隔阂、加强交流互鉴而贡献力量，共同构建人类命运共同体，携手建设更加美好的世界。正如习近平总书记强调的："新的征程上，我们必须高举和平、发展、合作、共赢旗帜，奉行独立自主的和平外交政策，坚持走和平发展道路，推动建设新型国际关系，推动构建人类命运共同体，推动共建'一带一路'高质量发展，以中国的新发展为世界提供新机遇。中国共产党将继续同一切爱好和平的国家和人民一道，弘扬和平、发展、公平、正义、民主、自由的全人类共同价值，坚持合作、不搞对抗，坚持开放、不搞封闭，坚持互利共赢、不搞零和博弈，反对霸权主义和强权政治，推动历史车轮向着光明的目标前进！"

七、坚持开拓创新

创新是一个国家、一个民族发展进步的不竭动力。越是伟大的事业，越充满艰难险阻，越需要艰苦奋斗，越需要开拓创新。党领导人民披荆斩棘、上下求索、奋力开拓、锐意进取，不断推进理论创新、实践创新、制度创新、文化创新以及其他各方面创新，敢为天下先，走出了前人没有走出的路，任何艰难险阻都没能阻挡住党和人民前进的步伐。只要我们顺应时代潮流，回应人民要求，勇于推进改革，准确识变、科学应变、主动求变，永不僵化、永不停滞，就一定能够创造出更多令人刮目相看的人间奇迹。

习近平总书记指出，创新是民族进步的灵魂，是一个国家兴旺发达的不竭源泉，也是中华民族最深沉的民族禀赋，正所谓"苟日新，日日新，又日新"。

坚持开拓创新，是中国共产党作为马克思主义政党的鲜明品格。无论是马克思主义对人类发展规律的重大发现，还是中国共产党的创建，本身就是开拓创新的典范。自从中国共产党成立以来，开拓创新，一直贯穿党领导中国人民进行革命、建设和改革的整个过程。中国之所以短短几十年就走完了西方国家数百年的发展历程，成为世界第一制造业大国、世界第二大经济体，迎来从站起来、富起来到强起来的伟大飞跃，归根到底都源于我们党准确理解马克思主义的理论精髓，把握解放思想、实事求是、与时俱进这一马克思主义活的灵魂，

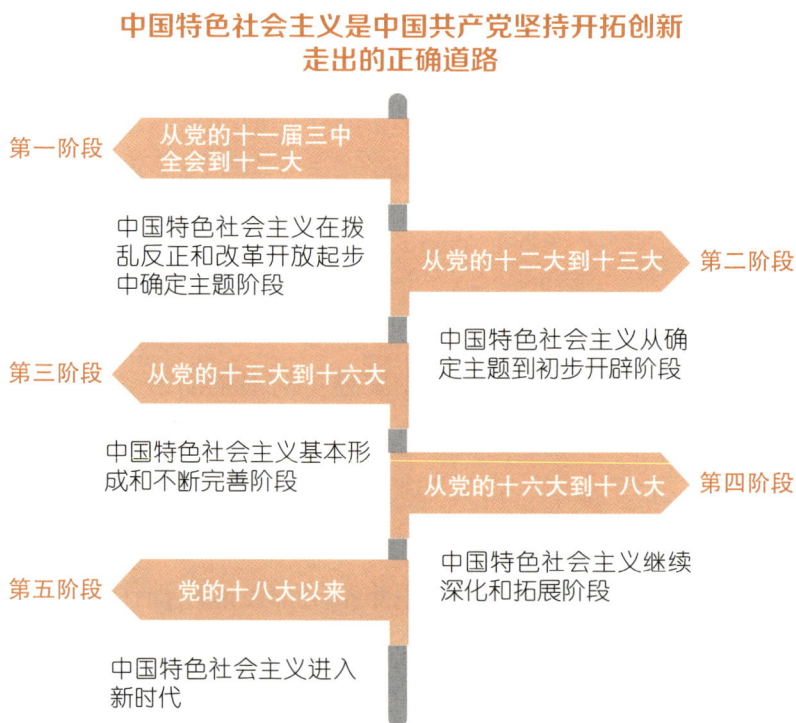

中国特色社会主义是中国共产党坚持开拓创新
走出的正确道路

第一阶段　从党的十一届三中全会到十二大

中国特色社会主义在拨乱反正和改革开放起步中确定主题阶段

从党的十二大到十三大　第二阶段

中国特色社会主义从确定主题到初步开辟阶段

第三阶段　从党的十三大到十六大

中国特色社会主义基本形成和不断完善阶段

从党的十六大到十八大　第四阶段

中国特色社会主义继续深化和拓展阶段

第五阶段　党的十八大以来

中国特色社会主义进入新时代

不断将马克思主义基本原理与中国具体实际相结合、同中华优秀传统文化相结合，团结奋斗、锐意进取。

坚持开拓创新，是中国共产党团结带领人民总结经验教训、勇往直前的力量之源。中国共产党诞生后，最初的设想是根据俄国十月革命的经验，走一条以城市为中心，武装暴动夺取政权的道路。八七会议后，各地武装起义的实践证明，照搬俄国十月革命的经验，在大城市搞武装暴动，在中国是走不通的。毛泽东同志在秋收起义失败后带领队伍上了井冈山，经过探索开创了工农武装割据的局面。他在 1928 年 10 月、11 月，先后写成了《中国的红色政权为什么能够存在？》和《井冈山的斗争》两篇重要著作，对一年多来的斗争经验进行了总结。以毛泽东同志为主要代表的中国共产党人开辟的中国革命道路，正是中国共产党在革命年代开拓创新的深刻而具体的体现。改革开放 40 多年来，在中国如何发展问题上，中国共产党继承和发扬开拓创新精神，把马克思主义的基本原理与中国建设和改革的实际相结合，走出了一条有中国特色社会主义道路。尤其在经济体制方面，探索出了一套适合中国国情的基本经济制度，使中国焕发出勃勃生机。实践证明，创新不但是一个国家、一个民族发展进步的不竭动力，而且是引领发展的第一动力。只有坚持开拓创新，才能永葆党和国家的生机活力。

坚持开拓创新，是中国共产党攻坚克难、开创新局的持久的精神追求。我们党的事业，是前无古人的崇高事业，没有经验可资借鉴，非坚持开拓创新不可。中国共产党自 1921 年诞生起，就肩负着中华民族伟大复兴的历史重任，始终在开拓探索中开创新局，在创新创造中谱写新篇。改革开放以来特别是进入新时代以来，我们党始终以马克思主义基本原理分析把握历史大势，不断推进理论创新、实践创新、制度创新、文化创新、科技创新以及其他各方面创新，于错综复杂的时代变局中准确识变、科学应变，为党和国家各项事业发展赢

王志刚（科学技术部部长、党组书记）：科技自立自强与我们一直强调的自力更生、自主创新也是一脉相承的，自立自强与开放合作不是对立关系，而是辩证统一的。开放合作是中国特色自主创新道路的应有之义，而自立自强是能够相互平等、相互尊重，进行开放合作的前提和基础。同时，中国的科技创新从来都不是封闭式的创新，今后也不会关起门来自己搞创新。改革开放40多年来，开放合作、交流互鉴，对推动中国科技创新发挥了重要作用。我们始终强调以全球视野谋划科技创新，积极融入全球创新网络。

得了战略主动。在实现第一个百年奋斗目标、全面建成小康社会，历史性地解决了绝对贫困问题之后，正在意气风发向着全面建成社会主义现代化强国的第二个百年奋斗目标迈进。踏上新的征程，发展面临的形势总体于我有利，但复杂艰险也在增多。这是前无古人的伟大事业。面对新形势，我们要继续开拓创新，以习近平新时代中国特色社会主义思想作为长期坚持的指导思想，保持"越是艰险越向前"的英雄气概，发扬"敢教日月换新天"的奋斗精神，埋头苦干，攻坚克难，再创中华民族伟大复兴的新辉煌！

八、坚持敢于斗争

敢于斗争、敢于胜利，是党和人民不可战胜的强大精神力量。党和人民取得的一切成就，不是天上掉下来的，不是别人恩赐的，而是通过不断斗争取得的。党在内忧外患中诞生、在历经磨难中成长、在攻坚克难中壮大，为了人民、国家、民族，为了理想信念，无论敌人如何强大、道路如何艰险、挑战如何严峻，党总是绝不畏惧、绝不退缩，不怕牺牲、百折不挠。只要我们把握新的伟大斗争的历史特点，抓住和用好历史机遇，下好先手棋、打好主动仗，发扬斗争精神，增强斗争本领，凝聚起全党全国人民的意志和力量，就一定能够战胜一切可以预见和难以预见的风险挑战。

中国共产党的百年奋斗史就是一部伟大斗争史，斗争精神已深深融入中国共产党人的血脉。中国共产党自成立之日起，就把为中国人民谋幸福、为中华民族谋复兴确立为自己的初心使命，团结带领全国各族人民进行艰苦卓绝的斗争，跨过一道又一道沟坎，取得一个又一个胜利，书写了中华民族几千年历史上最恢宏的史诗。

没有斗争就没有胜利。习近平总书记指出："马克思主义产生和发展、社会主义国家诞生和发展的历程充满着斗争的艰辛。建立中国共产党、成立中华人民共和国、实行改革开放、推进新时代中国特色社会主义事业，都是在斗争中诞生、在斗争中发展、在斗争中壮大的。"中国共产党是敢于并善于领导人民百折不挠开展斗争并在斗争中不断取得胜利的党。无论弱小还是强大，无论顺境还是逆境，我们

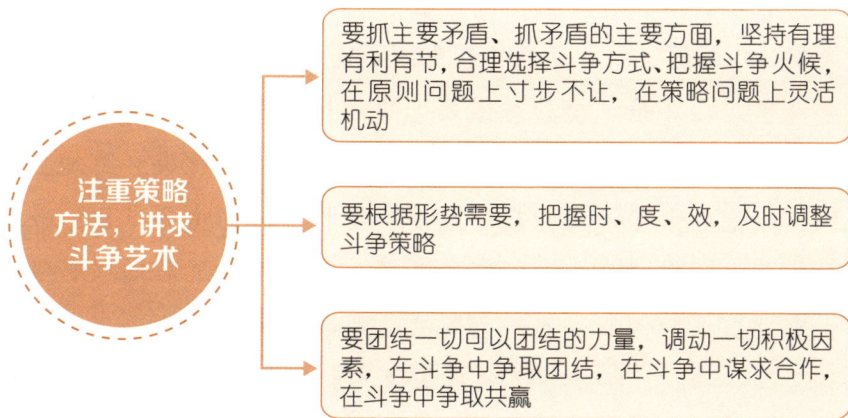

注重策略方法，讲求斗争艺术

- 要抓主要矛盾、抓矛盾的主要方面，坚持有理有利有节，合理选择斗争方式、把握斗争火候，在原则问题上寸步不让，在策略问题上灵活机动
- 要根据形势需要，把握时、度、效，及时调整斗争策略
- 要团结一切可以团结的力量，调动一切积极因素，在斗争中争取团结，在斗争中谋求合作，在斗争中争取共赢

党都初心不改、矢志不渝，团结带领人民历经千难万险、付出巨大牺牲。100 年来，在应对各种困难挑战中，我们党锤炼了不畏强敌、不惧风险、敢于斗争、敢于胜利的风骨和品质。正如习近平总书记深刻指出的："敢于斗争、敢于胜利，是中国共产党不可战胜的强大精神力量。"

百年风雨，百年征程。中国革命、建设和改革的一切成就，都是通过党和人民不怕流血牺牲的伟大斗争取得的。正是经过一代代中国共产党人前赴后继、百折不挠的斗争，我们党历经百年而风华正茂、饱经磨难而生生不息，攻克了一个又一个看似不可攻克的难关，创造了一个又一个彪炳史册的人间奇迹。我们党从建党之初只有 50 多名党员的党成长为今天拥有 9500 多万名党员的世界最大执政党，国家面貌实现了由积贫积弱、一穷二白到世界第二大经济体的沧桑巨变，人民生活实现了从饥寒交迫到解决温饱到总体小康、再到全面小康的

权威声音

习近平（中共中央总书记、国家主席、中央军委主席）：要自觉加强斗争历练，在斗争中学会斗争，在斗争中成长提高，努力成为敢于斗争、善于斗争的勇士。要坚定斗争意志，不屈不挠、一往无前，决不能碰到一点挫折就畏缩不前，一遇到困难就打退堂鼓。要善斗争、会斗争，提升见微知著的能力，透过现象看本质，准确识变、科学应变、主动求变，洞察先机、趋利避害。要加强战略谋划，把握大势大局，抓住主要矛盾和矛盾的主要方面，分清轻重缓急，科学排兵布阵，牢牢掌握斗争主动权。要增强底线思维，定期对风险因素进行全面排查。要善于经一事长一智，由此及彼、举一反三，练就斗争的真本领、真功夫。

历史性跨越，中华民族迎来了从站起来、富起来到强起来的伟大飞跃，以更加昂扬的姿态屹立于世界民族之林。

敢于斗争、敢于胜利，不但要立场坚定、掌握原则，而且要充分认识斗争的长期性、复杂性、艰巨性。

立场坚定、掌握原则就是在大是大非面前头脑要特别清醒、立场要特别坚定，牢牢把握正确斗争方向，要有秉公办事、铁面无私的精神。习近平总书记指出："今天，我们比历史上任何时期都更接近、更有信心和能力实现中华民族伟大复兴的目标，同时必须准备付出更为艰巨、更为艰苦的努力。"实现伟大梦想就要顽强拼搏、不懈奋斗。前进的道路不可能一马平川，我们面临的各种斗争不是短期的而是长期的，至少要伴随我们实现第二个百年奋斗目标全过程。必须增强"四个意识"、坚定"四个自信"、做到"两个维护"，坚定斗争意志，当严峻形势和斗争任务摆在面前时，骨头要硬，敢于出击，敢战能胜。

九、坚持统一战线

团结就是力量。建立最广泛的统一战线，是党克敌制胜的重要法宝，也是党执政兴国的重要法宝。党始终坚持大团结大联合，团结一切可以团结的力量，调动一切可以调动的积极因素，促进政党关系、民族关系、宗教关系、阶层关系、海内外同胞关系和谐，最大限度凝聚起共同奋斗的力量。只要我们不断巩固和发展各民族大团结、全国人民大团结、全体中华儿女大团结，铸牢中华民族共同体意识，形成海内外全体中华儿女心往一处想、劲往一处使的生动局面，就一定能够汇聚起实现中华民族伟大复兴的磅礴伟力。

习近平总书记在庆祝中国共产党成立100周年大会上的重要讲话中指出："爱国统一战线是中国共产党团结海内外全体中华儿女实现

中华民族伟大复兴的重要法宝。"在百年奋斗历程中，中国共产党始终把统一战线摆在重要位置，以强大的政治领导力和精神感召力，团结一切可以团结的力量、调动一切可以调动的积极因素，最大限度凝聚起共同奋斗的力量，书写了因党而生、伴党而行的统一战线和多党合作壮丽篇章。

爱国统一战线是我们党的一大政治优势，是克敌制胜、执政兴国的一大法宝。统一战线的本质是大团结大联合，根本任务是争取人心、凝聚力量。统一战线是中国共产党领导的广泛政治联盟，党的领导是统一战线最鲜明的特征。党领导的统一战线经历了民主联合战线、抗日民族统一战线、人民民主统一战线、爱国统一战线等多个阶段，是党夺取革命、建设、改革事业胜利的重要法宝。历史充分证明，有了中国共产党，统一战线才有了团结凝聚的核心；有了中国共产党的领导，统一战线才能朝着正确政治方向阔步前进。

百年奋斗历程中，我们党始终把统一战线摆在重要位置，坚持大

🅰 权威评论

尤权（中共中央书记处书记、中央统战部部长）：决议把坚持统一战线列为我们党百年奋斗的十条历史经验之一，强调建立最广泛的统一战线是党克敌制胜的重要法宝，也是党执政兴国的重要法宝，体现了以习近平同志为核心的中共中央对统一战线重要法宝作用的充分肯定。要用我们党的历史经验启迪智慧、砥砺品质，进一步学习宣传、贯彻落实习近平总书记关于加强和改进统一战线工作的重要思想，不断巩固和发展各民族大团结、全国人民大团结、全体中华儿女大团结，铸牢中华民族共同体意识，形成海内外全体中华儿女心往一处想、劲往一处使的生动局面。

团结大联合是我们党的力量之源。党长期坚持一致性和多样性统一，广泛凝聚共识，广聚天下英才，努力寻求最大公约数、画出最大同心圆，调动一切可以调动的积极因素、团结一切可以团结的力量，不断凝聚起共同奋斗的磅礴力量。实践表明，这一从中国土壤中生长出来的新型政党制度，不仅真实、广泛、持久地代表和实现了最广大人民的根本利益，而且把各民主党派和无党派人士紧密团结起来为着共同目标而奋斗，体现了中华优秀传统文化的精髓，反映了社会主义制度的本质要求，符合中国国情和国家治理需要。秉持共同的为中国人民谋幸福、为中华民族谋复兴的初心使命，各民主党派和无党派人士自愿选择接受中国共产党的领导，并在革命、建设、改革的历史进程中始终与中国共产党同心同德、肝胆相照，成为实现中华民族从苦难走向辉煌的重要参与力量。

巩固和发展最广泛的爱国统一战线，凝聚海内外中华儿女实现中华民族伟大复兴的磅礴力量。党同全国各民族工人、农民、知识分子团结在一起，同各民主党派、无党派人士、各民族的爱国力量团结在一起，进一步发展和壮大由全体社会主义劳动者、社会主义事业的建

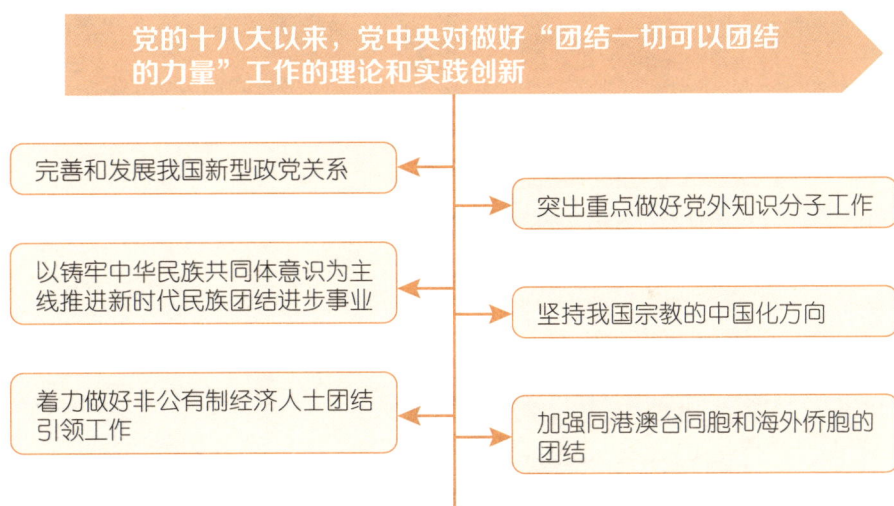

党的十八大以来，党中央对做好"团结一切可以团结的力量"工作的理论和实践创新

完善和发展我国新型政党关系

突出重点做好党外知识分子工作

以铸牢中华民族共同体意识为主线推进新时代民族团结进步事业

坚持我国宗教的中国化方向

着力做好非公有制经济人士团结引领工作

加强同港澳台同胞和海外侨胞的团结

设者、拥护社会主义的爱国者、拥护祖国统一和致力于中华民族伟大复兴的爱国者组成的最广泛的爱国统一战线，为民族复兴大业汇聚各方力量。党在不同历史时期，团结号召海外侨胞积极投身中华民族复兴大业。广大海外侨胞不忘祖国、不忘祖籍，热情支持中国革命、建设、改革事业，为中华民族发展壮大、促进祖国和平统一大业、增进中国人民同各国人民的友好合作作出了重要贡献。

习近平总书记指出："人心向背、力量对比是决定党和人民事业成败的关键，是最大的政治。统战工作的本质要求是大团结大联合，解决的就是人心和力量问题。"这为我们从全局和战略高度深刻认识加强新时代统一战线思想政治工作的重要性和必要性提供了根本遵循。新的征程上，我们必须坚持大团结大联合，加强思想政治引领，广泛凝聚共识，把爱国统一战线凝心聚力的重要法宝作用发挥好，为汇聚

最广泛的爱国统一战线

通力合作的友党关系

中国共产党是执政党，各民主党派是参政党，二者是亲密友党

多党合作的首要前提、根本保证

坚持中国共产党领导

多党合作的基本方针

长期共存、互相监督、肝胆相照、荣辱与共

多党合作的根本活动原则

遵守宪法和法律

多党合作的重要机构

中国人民政治协商会议

起全面建设社会主义现代化国家、实现中华民族伟大复兴中国梦的磅礴力量作出新的贡献。

十、坚持自我革命

勇于自我革命是中国共产党区别于其他政党的显著标志。自我革命精神是党永葆青春活力的强大支撑。先进的马克思主义政党不是天生的，而是在不断自我革命中淬炼而成的。党历经百年沧桑更加充满活力，其奥秘就在于始终坚持真理、修正错误。党的伟大不在于不犯错误，而在于从不讳疾忌医，积极开展批评和自我批评，敢于直面问题，勇于自我革命。只要我们不断清除一切损害党的先进性和纯洁性的因素，不断清除一切侵蚀党的健康肌体的病毒，就一定能够确保党不变质、不变色、不变味，确保党在新时代坚持和发展中国特色社会主义的历史进程中始终成为坚强领导核心。

勇于自我革命，是中国共产党最鲜明的品格和最大的优势。习近平总书记指出："在进行社会革命的同时不断进行自我革命，是我们党区别于其他政党最显著的标志，也是我们党不断从胜利走向新的胜利的关键所在。"勇于自我革命，是中国共产党百年风华正茂的强大支撑和力挽狂澜于既倒的制胜密码。

习近平总书记在十九届中央政治局常委同中外记者见面时指出："实践充分证明，中国共产党能够带领人民进行伟大的社会革命，也能够进行伟大的自我革命。"在百年非凡历程中，我们党一路风霜雪雨，历经无数磨难、战胜无数艰险，创造了彪炳史册的辉煌业绩，始终保持蓬勃生机和旺盛活力，根本在于我们党具有彻底的自我革命精神。正如毛泽东同志形象地指出的："房子是应该经常打扫的，不打扫就会积满了灰尘；脸是应该经常洗的，不洗也就会灰尘满面。我们同志的

勇于自我革命				
中国共产党区别于其他政党的显著标志	熔铸在中国共产党人血脉里的政治基因	中国共产党最鲜明的品格和最大的优势	中国共产党不断从胜利走向新的胜利的关键所在	中国共产党永葆生机活力的动力源泉

思想，我们党的工作，也会沾染灰尘的，也应该打扫和洗涤。"勇于自我革命，是熔铸在中国共产党人血脉里的政治基因。中国共产党之所以能成为中国人民和中华民族的主心骨，根本原因在于我们党始终保持了自我革命精神，一次次拿起手术刀来革除自身病灶，一次次靠自己解决了自身问题。只有不断清除有损党的先进性和纯洁性的不良因素，才能确保党不变质、不变色、不变味，使党在新时代坚持和发展中国特色社会主义的历史进程中始终成为坚强的领导核心。历史不断证明，勇于自我革命是我们党永葆生机活力的动力源泉，是我们党在挫折和失误面前能够力挽狂澜、化险为夷、转危为安的奥秘所在。

党的十八大以来，以习近平同志为核心的党中央推进全面从严治党，体现着我们党进行自我革命的坚定决心和坚强意志。加强纪律建设是全面从严治党的治本之策。党要管党、从严治党，就要靠严明纪律和规矩，推动党员在思想上划出红线、在行为上明确界线。各地区各部门深入开展纪律教育，将纪律处分条例等党内法规纳入党委（党组）理论学习中心组学习内容和党校课程，深入剖析干部严重违纪违法的典型案例，发挥警示、震慑、教育作用，教育引导广大党员、干部特别是领导干部严格按党章标准要求自己，使党员、干部增强纪律意识，把党章党规党纪刻印在心上，知边界、明底线，把他律要求转化为内在追求，形成尊崇党章、遵守党纪的良好习惯。2018 年 7 月，中央政治局召开会议强调，要巩固和发展执纪必严、违纪必究常态化成果，下大气力建制度、立规矩、抓落实、重执行，让制度"长牙"、纪律"带电"，充分发挥纪律建设标本兼治的利器作用，使铁的纪律真正转化为党员干部的日常习惯和自觉遵循，推动全面从严治党向纵深发展。

中国共产党的百年奋斗史，是一部勇于自我革命的历史。党强则国强，党兴则国兴，党治则国治。纵观中国共产党百年奋斗史，每一个历史紧要关头，之所以能成为推动党及其所领导的事业不断前进的新起点、转折点，正因为我们党始终坚持自我革命的精神。从苏区时期出台党史上第一个反腐败法令，到整风运动巩固全党团结统一；从新中国成立之初果断处理腐败分子刘青山、张子善，到拨乱反正、作出实行改革开放的历史性决策；从驰而不息反"四风"，到不断完善党内监督体系，一代代中国共产党人以自我革命的政治勇气，坚决同一切弱化党的先进性和纯洁性、危害党的肌体健康的现象作斗争，我们党才能历经百年而风华正茂、饱经磨难而生生不息。

要跳出历史周期率，中国共产党必须把自我革命推向深入，才能永葆党的先进性和纯洁性。"胜人者有力，自胜者强。"强大的政党是在自我革命中锻造出来的。习近平总书记指出："越是长期执政，越

权威声音

习近平（中共中央总书记、国家主席、中央军委主席）：我们党的百年奋斗史表明，伟大的马克思主义政党不是天生的，而是在长期社会实践中锻造而成的，是在不断自我革命中淬炼而成的。我们党的伟大不在于不犯错误，而在于从不讳疾忌医，敢于直面问题，勇于自我革命。我们党历经百年沧桑依然风华正茂，其奥秘就在于具有自我净化、自我完善、自我革新、自我提高的强大能力。

不能丢掉马克思主义政党的本色，越不能忘记党的初心使命，越不能丧失自我革命精神。"新时代，形势环境变化之快、改革发展稳定任务之重、矛盾风险挑战之多、对我们党治国理政考验之大，前所未有。实现长期执政，持续推进自我革命，对于百年大党来说越来越具有严峻性、艰巨性和迫切性。在这种情况下，"有没有强烈的自我革命精神，有没有自我净化的过硬特质，能不能坚持不懈同自身存在的问题和错误作斗争，就成为决定党兴衰成败的关键因素"。党的十八大以来，以习近平同志为核心的党中央以自我革命的精神推进全面从严治党，不断提高党的执政能力和领导水平，不断增强党自我净化、自我完善、自我革新、自我提高的能力，探索出一条长期执政条件下解决自身问题、跳出历史周期率的成功道路。这凝聚了几代中国共产

100年来，党以自我革命精神纠正错误、总结经验、完善自身，不断走向胜利的成功典范

八七会议	1927年，纠正了党内的右倾错误，向土地革命转变
古田会议	1929年，纠正了党内的错误思想，确立政治建军、思想建党的原则
遵义会议	1935年，结束了"左"倾教条主义错误在党内的统治，确立了以毛泽东同志为主要代表的马克思主义正确路线
整风运动	1942年到1945年，破除了党内把马克思主义教条化、把共产国际决议和苏联经验神圣化的错误倾向
党的十一届三中全会	1978年，全党的工作重点从"以阶级斗争为纲"转到经济建设上来，实行改革开放
党的十八大以来	2012年，党的十八大以来，以刮骨疗毒的勇气向党内顽瘴痼疾开刀，以坚如磐石的意志正风肃纪反腐

党人的不懈奋斗和孜孜求索。我们党要跳出历史周期率，关键是不能丧失自我革命精神，不断把党的自我革命推向深入，这样才能永葆先进性和纯洁性。

刀刃向内、自剜腐肉，以伟大自我革命引领伟大社会革命。我们党开新局于伟大的社会革命，强体魄于伟大的自我革命，坚持以伟大自我革命引领伟大社会革命。新时代"两个伟大革命"相互促进、相辅相成，有机统一于实现中华民族伟大复兴的实践中。我们党作为世界第一大党，处在执政地位、掌控执政资源，很容易在执政业绩光环的照耀下，陷入"革别人命容易，革自己命难"的境地。习近平总书记强调："没有什么外力能够打倒我们，能够打倒我们的只有我们自己。前途命运都掌握在自己手上。"我们党必须以自我革命的决心和意志打造和锤炼自己，保持永不自满、永不懈怠的品格，不断在革故鼎新、守正出新中实现自身跨越。

自我革命，意味着刀刃向内、刮骨疗毒。当前，党面临"四大考

权威评论

赵乐际（中共中央政治局常委、中央纪委书记）：党的自我革命永远在路上，要保持清醒头脑，增强政治定力，准确把握新时代新阶段的特征和要求，敢于斗争、善于斗争，不断清除一切损害党的先进性和纯洁性的因素，不断清除一切侵蚀党的健康肌体的病毒，确保党不变质、不变色、不变味。要把严的主基调长期坚持下去，持之以恒正风肃纪反腐，保持对腐败的压倒性力量常在。要发挥全面从严治党政治引领和政治保障作用，不断提高党把方向、谋大局、定政策、促改革的能力，不断提高党员干部适应现代化建设履职尽责的能力，在新时代新征程上展现新气象新作为。

验""四种危险"。党内存在的思想不纯、政治不纯、组织不纯、作风不纯等突出问题尚未得到根本解决，一些老问题反弹回潮的因素依然存在，实践中还出现了一些新情况新问题。对此，全党要以自我革命的政治勇气，着力解决党自身存在的突出问题。习近平总书记强调："我们党之所以有自我革命的勇气，是因为我们党除了国家、民族、人民的利益，没有任何自己的特殊利益。"无私故而无畏。牢牢坚持立党为公、执政为民，牢牢坚持为中国人民谋幸福、为中华民族谋复兴，勇于自我革命，这正是我们党赢得人心、永葆生机活力的关键所在。

第八讲

新时代的中国共产党

以史为鉴，开创未来。当今世界正经历百年未有之大变局，我国正处于实现中华民族伟大复兴关键时期。《决议》强调，全党始终保持清醒和坚定，始终牢记、努力践行中国共产党人的初心和使命，勇于自我革命，抓好后继有人这个根本大计。《决议》号召，全党全军全国各族人民要更加紧密地团结在以习近平同志为核心的党中央周围，全面贯彻习近平新时代中国特色社会主义思想，大力弘扬伟大建党精神，以史为鉴、开创未来，埋头苦干、勇毅前行，为夺取新时代中国特色社会主义伟大胜利而努力奋斗。

一、新时代党的战略安排

党的十九大对实现第二个百年奋斗目标作出分两个阶段推进的战略安排。从 2020 年到 2035 年基本实现社会主义现代化，从 2035 年到本世纪中叶把我国建成社会主义现代化强国。

第一个阶段，从 2020 年到 2035 年，在全面建成小康社会的基础上，再奋斗 15 年，基本实现社会主义现代化。到那时，我国经济实力、科技实力将大幅跃升，跻身创新型国家前列；人民平等参与、平

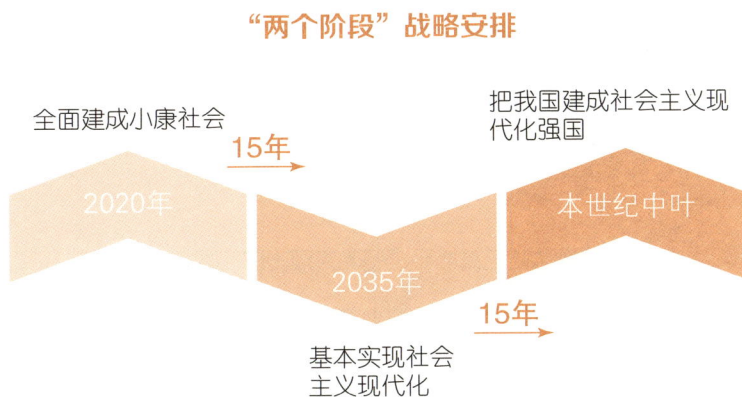

"两个阶段"战略安排

全面建成小康社会

15年 →

把我国建成社会主义现代化强国

2020年

2035年
基本实现社会主义现代化

15年 →

本世纪中叶

等发展权利得到充分保障，法治国家、法治政府、法治社会基本建成，各方面制度更加完善，国家治理体系和治理能力现代化基本实现；社会文明程度达到新的高度，国家文化软实力显著增强，中华文化影响更加广泛深入；人民生活更为宽裕，中等收入群体比例明显提高，城乡区域发展差距和居民生活水平差距显著缩小，基本公共服务均等化基本实现，全体人民共同富裕迈出坚实步伐；现代社会治理格局基本形成，社会充满活力又和谐有序；生态环境根本好转，美丽中国目标基本实现。

第二个阶段，从2035年到本世纪中叶，在基本实现现代化的基

2035年基本实现社会主义现代化的远景目标

我国经济实力、科技实力、综合国力将大幅跃升，经济总量和城乡居民人均收入将再迈上新的大台阶，关键核心技术实现重大突破，进入创新型国家前列

基本实现新型工业化、信息化、城镇化、农业现代化，建成现代化经济体系

基本实现国家治理体系和治理能力现代化，人民平等参与、平等发展权利得到充分保障，基本建成法治国家、法治政府、法治社会

建成文化强国、教育强国、人才强国、体育强国、健康中国，国民素质和社会文明程度达到新高度，国家文化软实力显著增强

广泛形成绿色生产生活方式，碳排放达峰后稳中有降，生态环境根本好转，美丽中国建设目标基本实现

形成对外开放新格局，参与国际经济合作和竞争新优势明显增强

人均国内生产总值达到中等发达国家水平，中等收入群体显著扩大，基本公共服务实现均等化，城乡区域发展差距和居民生活水平差距显著缩小

平安中国建设达到更高水平，基本实现国防和军队现代化

人民生活更加美好，人的全面发展、全体人民共同富裕取得更为明显的实质性进展

胡敏［中共中央党校（国家行政学院）研究员、中共中央党校报刊社副社长］：从经济的逻辑看，根据欧美工业化国家发展历程和演变规律，10到15年一般构成一个中短期经济周期，这样一个时间段足够产业企业完成技术升级和组织革新，进而推动生产力水平上一个新台阶并带来相应的社会变革。从发展的逻辑看，在2020年全面建成小康社会后，再经过15年，即使经济增速按5%测算，到2035年我们也可基本达到目前中上等发达国家水平。按照这一趋势，再经过第二个15年到本世纪中叶，我国综合国力和社会发展将位居世界现代化强国之列。

础上，再奋斗15年，把我国建成富强民主文明和谐美丽的社会主义现代化强国。到那时，我国物质文明、政治文明、精神文明、社会文明、生态文明将全面提升，实现国家治理体系和治理能力现代化，成为综合国力和国际影响力领先的国家，全体人民共同富裕基本实现，我国人民将享有更加幸福安康的生活，中华民族将以更加昂扬的姿态屹立于世界民族之林。

二、新时代对全党的基本要求

进入新时代，我国发展仍处于可以大有作为的重要战略机遇期，但机遇和挑战都有新的发展变化。一方面，我国经济发展进入新常态，经济发展方式转变加快，新的增长动力正在孕育形成，经济长期向好基本面没有改变，但发展不平衡、不协调、不可持续问题仍然突出，主要是创新能力不适应高质量发展要求，农业基础还不稳固，城乡区域发展和收入分配差距较大，生态环保任重道远，等等。另一方面，受新冠肺炎疫情的冲击，国际环境更趋严峻复杂，全球经济贸易增长乏力，保护主义抬头，地缘政治关系复杂变化，传统安全威胁和非传统安全威胁交织，外部环境不稳定不确定因素增多，统筹国内国际两个大局，积极应对外部环境变化，为我国发展创造更好环境，难度明显加大。新时代对全党提出了更高要求。

今天，我们比历史上任何时期都更接近、更有信心和能力实现中华民族伟大复兴的目标。同时，全党必须清醒认识到，中华民族伟大复兴绝不是轻轻松松、敲锣打鼓就能实现的，前进道路上仍然存在可以预料和难以预料的各种风险挑战；必须清醒认识到，我国仍处于并将长期处于社会主义初级阶段，我国仍然是世界最大的发展中国家，社会主要矛盾是人民日益增长的美好生活需要和不平衡不充分的发展之间的矛盾。全党要牢记中国共产党是什么、要干什么这个根本问题，把握历史发展大势，坚定理想信念，牢记初心使命，始终谦虚谨

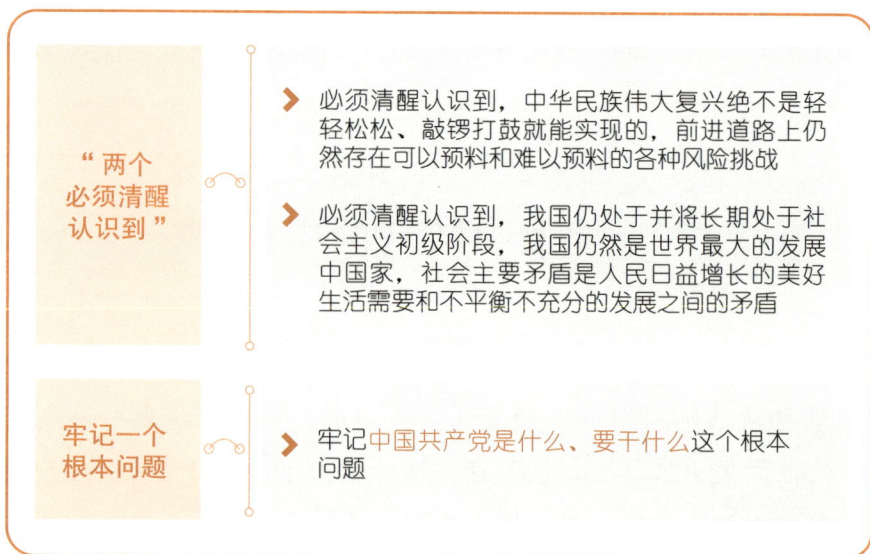

"两个必须清醒认识到"	➤ 必须清醒认识到，中华民族伟大复兴绝不是轻轻松松、敲锣打鼓就能实现的，前进道路上仍然存在可以预料和难以预料的各种风险挑战
	➤ 必须清醒认识到，我国仍处于并将长期处于社会主义初级阶段，我国仍然是世界最大的发展中国家，社会主要矛盾是人民日益增长的美好生活需要和不平衡不充分的发展之间的矛盾
牢记一个根本问题	➤ 牢记中国共产党是什么、要干什么这个根本问题

慎、不骄不躁、艰苦奋斗，从伟大胜利中激发奋进力量，从弯路挫折中吸取历史教训，不为任何风险所惧，不为任何干扰所惑，决不在根本性问题上出现颠覆性错误，以咬定青山不放松的执着奋力实现既定目标，以行百里者半九十的清醒不懈推进中华民族伟大复兴。

经过新中国 70 多年特别是改革开放 40 多年的发展，实现中华民族伟大复兴，我们有了更为坚实的物质基础。我国经济实力、科技实力、综合国力跃上新台阶，成为并稳居世界第二大经济体、第一大工业国、第一大货物贸易国、第一大外汇储备国，国内生产总值突破 100 万亿元大关，人均国内生产总值连续两年（2019 年、2020 年）超过 1 万美元。特别是全面建成了小康社会，历史性地解决了绝对贫困问题，实现中华民族伟大复兴进入了不可逆转的历史进程。

全党必须坚持马克思列宁主义、毛泽东思想、邓小平理论、"三个代表"重要思想、科学发展观，全面贯彻习近平新时代中国特色社会主义思想，用马克思主义的立场、观点、方法观察时代、把握时代、引领时代，不断深化对共产党执政规律、社会主义建设规律、人类社会发展规律的认识。必须坚持党的基本理论、基本路线、基本方略，增强"四个意识"，坚定"四个自信"，做到"两个维护"，坚持系统观念，统筹推进"五位一体"总体布局，协调推进"四个全面"战略布局，立足新发展阶段、贯彻新发展理念、构建新发展格局、推动高质量发展，全面深化改革开放，促进共同富裕，推进科技自立自强，发展全过程人民民主，保证人民当家作主，坚持全面依法治国，坚持社会主义核心价值体系，坚持在发展中保障和改善民生，坚持人与自然和谐共生，统筹发展和安全，加快国防和军队现代化，协同推进人民富裕、国家强盛、中国美丽。

习近平总书记指出："共同富裕是社会主义的本质要求，是中国式现代化的重要特征。"促进共同富裕，总的思路是，坚持以人民为中心的发展思想，在高质量发展中促进共同富裕，正确处理效率和公平的关系，构建初次分配、再分配、三次分配协调配套的基础性制度安排，加大税收、社保、转移支付等调节力度并提高精准性，扩大中等收入群体比重，增加低收入群体收入，合理调节高收入，取缔非法收入，形成中间大、两头小的橄榄型分配结构，促进社会公平正义，促进人的全面发展，使全体人民朝着共同富裕目标扎实迈进。因此，要提高发展的平衡性、协调性、包容性；着力扩大中等收入群体规模；促进基本公共服务均等化；加强对高收入的规范和调节；促进人民精神生活共同富裕；促进农民农村共同富裕。

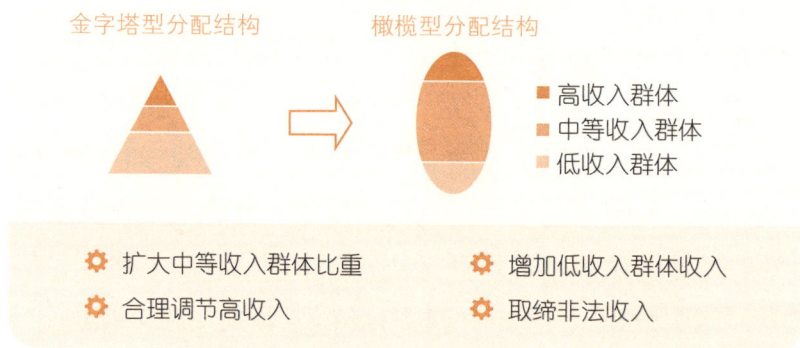

形成中间大、两头小的橄榄型分配结构

金字塔型分配结构　　橄榄型分配结构

■ 高收入群体
■ 中等收入群体
■ 低收入群体

⚙ 扩大中等收入群体比重　　⚙ 增加低收入群体收入
⚙ 合理调节高收入　　⚙ 取缔非法收入

全党必须永远保持同人民群众的血肉联系，站稳人民立场，坚持人民主体地位，尊重人民首创精神，践行以人民为中心的发展思想，维护社会公平正义，着力解决发展不平衡不充分问题和人民群众急难愁盼问题，不断实现好、维护好、发展好最广大人民根本利益，团结带领全国各族人民不断为美好生活而奋斗。

人民群众急难愁盼问题，是发展不平衡不充分问题在人民群众生产生活中现实的、突出的表现，主要集中在收入分配、就业、教育、社会保障、医疗卫生、住房保障等方面。解决人民群众急难愁盼问题是各级党委、政府的政治责任。要抓住人民群众最关心最直接最党的十九大把"坚持以人民为中心"的发展思想确立为新时代坚持和发展中国特色社会主义的基本方略之一。以人民为中心的发展思想，把增进人民福祉、促进人的全面发展作为发展的出发点和落脚点，强调发展为了人民、发展依靠人民、发展成果由人民共享。以人民为中心的发展思想解决了发展为了什么人、由谁享有发展成果这一根本问题，彰显了人民至上的价值取向。坚持以人民为中心的发展思想，体现了我们党全心全意为人民服务的根本宗旨，体现了人民是推动历史发展根本力量的唯物史观，体现了实现共同富裕的本质要求。

现实的利益问题，一件事情接着一件事情办，一年接着一年干，在幼有所育、学有所教、劳有所得、病有所医、老有所养、住有所居、弱有所扶上不断取得新进展，不断增强人民群众的获得感、幸福感、安全感。

全党必须铭记生于忧患、死于安乐，常怀远虑、居安思危，继续推进新时代党的建设新的伟大工程，坚持全面从严治党，坚定不移推进党风廉政建设和反腐败斗争，勇敢面对党面临的长期执政考验、改革开放考验、市场经济考验、外部环境考验，坚决战胜精神懈怠的危险、能力不足的危险、脱离群众的危险、消极腐败的危险。必须保持越是艰险越向前的英雄气概，敢于斗争、善于斗争，逢山开道、遇水架桥，做到难不住、压不垮，推动中国特色社会主义事业航船劈波斩浪、一往无前。

三、培养造就堪当时代重任的接班人

　　党和人民事业发展需要一代代中国共产党人接续奋斗，必须抓好后继有人这个根本大计。要坚持用习近平新时代中国特色社会主义思想教育人，用党的理想信念凝聚人，用社会主义核心价值观培育人，用中华民族伟大复兴历史使命激励人，培养造就大批堪当时代重任的接班人。要源源不断培养选拔德才兼备、忠诚干净担当的高素质专业化干部特别是优秀年轻干部，教育引导广大党员、干部自觉做习近平新时代中国特色社会主义思想的坚定信仰者和忠实实践者，牢记空谈误国、实干兴邦的道理，树立不负人民的家国情怀、追求崇高的思想境界、增强过硬的担当本领。要源源不断把各方面先进分子特别是优秀青年吸收到党内来，教育引导青年党员永远以党的旗帜为旗帜、以党的方向为方向、以党的意志为意志，赓续党的红色血脉，弘扬党的优良传统，在斗争中经风雨、见世面、壮筋骨、长才干。要源源不断培养造就爱国奉献、勇于创新的优秀人才，真心爱才、悉心育才、精

培养造就大批堪当时代重任的接班人

源源不断把各方面先进分子特别是优秀青年吸收到党内来

必须抓好后继有人这个根本大计

源源不断培养选拔德才兼备、忠诚干净担当的高素质专业化干部特别是优秀年轻干部

源源不断培养造就爱国奉献、勇于创新的优秀人才

心用才，把各方面优秀人才集聚到党和人民的伟大奋斗中来。

年轻干部是党的事业的未来和希望，源源不断培养大批优秀年轻干部是关系党和国家事业的根本大计。要把培养年轻人才和年轻干部放在更加突出的位置。坚持实践第一，坚持把基层作为培养锻炼人才和干部的基础阵地，建立来自基层一线的党政领导干部选拔链，使基层成为提升素质的好课堂、磨炼意志的大考场、历练能力的主战场。使用是最好的培养。对有潜力、有发展前途的年轻人才和年轻干部，敢于给他们压担子，有计划地安排他们到艰苦地区、复杂环境、关键岗位砥砺品质、锤炼作风、增长才干。强调要培养、使用年轻人才和年轻干部，但这绝不意味着照顾、拔苗助长。对年轻干部中确有真才实学、成熟较早的，也要敢于大胆破格使用，不能缩手缩脚。但破格不能"出格"，决不能把那些不具备条件的年轻干部过早地使用上来，更不能借破格提拔之名行以权谋私之实。

党中央号召，全党全军全国各族人民要更加紧密地团结在以习近平同志为核心的党中央周围，全面贯彻习近平新时代中国特色社会主义思想，大力弘扬伟大建党精神，勿忘昨天的苦难辉煌，无愧今天的使命担当，不负明天的伟大梦想，以史为鉴、开创未来，埋头苦干、勇毅前行，为实现第二个百年奋斗目标、实现中华民族伟大复兴的中国

吸收各方面先进分子特别是优秀青年到党内来

教育引导青年党员

以党的旗帜为旗帜
以党的方向为方向
以党的意志为意志

赓续党的红色血脉，弘扬党的优良传统，在斗争中经风雨、见世面、壮筋骨、长才干

梦而不懈奋斗。我们坚信，在过去 100 年赢得了伟大胜利和荣光的中国共产党和中国人民，必将在新时代新征程上赢得更加伟大的胜利和荣光！

后 记

为了帮助广大党员干部深入学习贯彻党的十九届六中全会精神，我们组织相关专家、学者编写了本书，并邀请天津大学马克思主义学院院长颜晓峰、中共中央党史和文献研究院第四研究部主任张神根和中共中央党校（国家行政学院）教授洪向华审读统稿，在此一并表示感谢！

不妥之处，敬请读者批评指正。

编者
2021 年 12 月

责任编辑：任　民

图书在版编目（CIP）数据

图解十九届六中全会精神 /《图解十九届六中全会精神》编写组编著 . —北京：人民
　出版社，2021.12

ISBN 978-7-01-024011-4

Ⅰ . ①图… 　Ⅱ . ①图… 　Ⅲ . ①中国共产党十九届六中全会（2021）—文件—学习
　参考资料 　Ⅳ . ① D229

中国版本图书馆 CIP 数据核字（2021）第 232582 号

图解十九届六中全会精神
TUJIE SHIJIUJIE LIUZHONG QUANHUI JINGSHEN
《图解十九届六中全会精神》编写组　编著
人民出版社 出版发行
（100706　北京市东城区隆福寺街 99 号）

三河市龙大印装有限公司印刷　新华书店经销
2021 年 12 月第 1 版　2021 年 12 月北京第 1 次印刷
开本：710 毫米 × 1000 毫米 1/16　印张：15
字数：200 千字

ISBN 978-7-01-024011-4　定价：48.00 元

邮购地址　100706　北京市东城区隆福寺街 99 号
人民东方图书销售中心　电话（010）65250042　65289539